Kleine Fibel des Arbeitsschutzes für Schulleiterinnen, Schulleiter, Sicherheitsbeauftragte, Lehrerinnen und Lehrer an Schulen.

AF194881

Arbeitssicherheit und Gesundheitsschutz an Schulen
(alle Schulformen),
Beurteilung der Arbeitsbedingungen gem. § 5 des Arbeitsschutzgesetzes.

9. Auflage

Harald Birgfeld

Herausgeber, Autor, Redakteur: Harald Birgfeld.
e-mail: Harald.Birgfeld@t-online.de
Im Internet unter : www.Harald-Birgfeld.de

© 2020 Birgfeld, Harald
Herstellung und Verlag:
BoD – Books on Demand, Norderstedt
ISBN: 9783751959971

Allgemein:
Diese praxiserprobten **Beurteilungen** sind Arbeitsunterlagen, die sowohl der Einrichtungsleitung, als auch der/dem Sicherheitsbeauftragten wie dem Unterrichts-, Vorlesungs- und Erziehungspersonal, behilflich sein sollen, die an der Einrichtung möglicherweise vorhandenen **arbeitssicherheitstechnischen Mängel sowie arbeitsbedingten Gesundheitsgefahren** zu erkennen. Sie sollen helfen, das Gesetz über die Durchführung von Maßnahmen des Arbeitsschutzes zu erfüllen und die Verbesserung der Sicherheit und des Gesundheitsschutzes der Beschäftigten bei der Arbeit zu sichern.
Beschäftigte bei der Arbeit sind Arbeiter, Angestellte, Beamte, (Schülerinnen und Schüler sind den Arbeitnehmern im Sinne der Gefahrstoffverordnung (GefStoffV), §2 (6), gleichgestellt), Studierende, Doktoranden, Stipendiaten und Teilzeitbeschäftigte.
Die Fachkräfte für Arbeitssicherheit und z.B. ein Betriebsarzt stehen dabei gerne beratend zur Verfügung. Die zu den Beurteilungen gehörenden
Dokumentationen der Beurteilungen der Arbeitsbedingungen gem. § 6 des Arbeitsschutzgesetzes (ArbSchG), Arbeitssicherheit und Gesundheitsschutz,
sind weitere Arbeitsunterlagen, die Ihnen, der Einrichtungsleitung, die Möglichkeit geben, gefundene Mängel und Gefahren sowie die zu treffenden Maßnahmen zu deren Beseitigung zu dokumentieren.

Das Arbeitsschutzgesetz erfordert es, dass der Arbeitgeber die Arbeitsbedingungen hinsichtlich einer möglichen Gefährdung ermittelt.
In Schulen hat diese Aufgabe die Schulleiterin oder der Schulleiter in anderen Einrichtungen die Einrichtungsleitung.
Über das Ergebnis der Gefährdungsermittlung und die daraus folgenden Maßnahmen müssen Unterlagen verfügbar sein. Als Unterlagen zur Dokumentation gelten, neben Prüflisten, die Berichte der Fachkraft für Arbeitssicherheit, z.B. der Landesunfallkassen, der Unfallkassen der Länder, eines Arbeitsmedizinischen Dienstes, eines Betriebsarztes oder z.B. eines Amtes für Arbeitsschutz, einem Gewerbeaufsichtsamt, (ergänzt um die veranlassten Maßnahmen zur Mängelbeseitigung), eigenständige Gefährdungsdokumentationen, Betriebsanweisungen für Tätigkeiten, Arbeitsmittel und Arbeitsstoffe und "Beurteilungen von Gefährdungen und Belastungen am Arbeitsplatz".
Vgl.: GUV-I 8700, welche z.B. von den Unfallkassen der Länder, kostenlos bezogen werden können.

4

Inhaltsverzeichnis, unterteilt in:

Betrifft die an allen Schulformen, z.B. Vor-, Grund-, Haupt- Real-, Werkreal-, Förder-, Sonder-, Ganztags-, Gesamt-, Berufsschulen (Berufsfachschulen, z.B. in Vollzeitform der biologischen, chemischen, medizinischen und pharmazeutischen Berufe, gehören in wesentlichen Bereichen zu den Hochschulen) und Gymnasien möglicherweise vorhandenen arbeitssicherheitstechnischen Mängel sowie arbeitsbedingten Gesundheitsgefahren.

Betrifft z.B. die insbesondere an Gesamt-, Berufsschulen und Gymnasien im naturwissenschaftlichen Arbeitsbereich/Unterricht möglicherweise vorhandenen arbeitssicherheitstechnischen Mängel sowie arbeitsbedingten Gesundheitsgefahren.

Betrifft die möglicherweise an allen Schulformen vorhandenen arbeitsbedingten Gesundheitsgefahren, z.B. betreffend den Mutterschutz.

Inhaltsverzeichnis: .... **Seite**

1) Allgemein an Schulen

6

2) (NW) In der Naturwissenschaft   Seite

3) Gesundheitsschutz und GesundheitsförderungSeite

Vorschriften und Abkürzungen

*Geltungsbereich: **Alle Länder der Bundesrepublik Deutschland*** **Alle nachstehend aufgeführten Vorschriften, wie z.B. das Arbeitsschutzgesetz, die Arbeitsstätten-Richtlinien, die Arbeitsstätten-Verordnung, das Gesetz über Betriebsärzte, Sicherheitsingenieure…, sowie alle Verordnungen, die GUV'en und das Mutterschutzgesetz betreffen, sind in jedem Land gleichermaßen anzuwenden.** Länderverordnungen wie Länder Bau-Ordnungen, Technische Richtlinien einer Baubehörde eines Landes usw. sind immer den gesetzlichen Vorschriften nachgeordnet. Sie sollten, falls erforderlich, vor Ort erfragt werden.

Gesetzliche Unfall-versicherung, GUV-Nr.:	Titel
DIN-EN 1729-1 und -2	Stühle und Tische für Bildungseinrichtungen, -1 Funktionsmaße, -2 sicherheitstechnische Anforderungen (gilt nicht für Arbeitsplätze von Lehrkräften).
GUV-V A1	**Grundsätze der Prävention**
GUV-V A2	UVV Elektrische Anlagen und Betriebsmittel
GUV-V A4	UVV Arbeitsmedizinische Vorsorge
GUV-V A6	UVV Fachkräfte für Arbeitssicherheit
GUV-V A6/7	UVV Betriebsärzte, Sicherheitsingenieure und andere Fachkräfte für Arbeitssicherheit
GUV-V A7	UVV Betriebsärzte
GUV-V A8	UVV Sicherheits- und Gesundheits-schutzkennzeichnung am Arbeitsplatz
GUV-V B2	UVV Laserstrahlung
GUV-V B3	UVV Lärm
GUV-V B6	UVV Gase
GUV-V B7	UVV Sauerstoff
GUV-V C8	UVV Gesundheitsdienst
GUV-V D1	UVV Schweißen, Schneiden und verwandte Verfahren
GUV-V D15	UVV Arbeiten mit Flüssigkeitsstrahlern
GUV-V D34	UVV Verwendung von Flüssiggas
GUV-V S1	**UVV Schulen**
GUV-I 510-3	Anleitung zur Ersten Hilfe bei Unfällen, Registerausführung
GUV-I 511-1	Verbandbuch DIN A5
GUV-I 512	Erste-Hilfe-Material

GUV-I 662	Sanitätsräume in Betrieben
GUV-I 668	Erste Hilfe bei erhöhter Einwirkung ionisierender Strahlung
GUV-I 720	Tisch- und Format-Kreissägemaschinen (Aushang DIN A2)
GUV-I 721	Tisch-Fräsmaschinen (Aushang DIN A 2)
GUV-I 722	Tisch-Bandsäge-Maschinen (Aushang DIN A 2)
GUV-I 724	Abricht-Hobelmaschinen (Aushang DIN A 2)
GUV-I 739	Holzstaub - Handhabung und sicheres Arbeiten
GUV-I 8502	Bildschirmarbeitsplätze
GUV-I 8503	Der Sicherheitsbeauftragte
GUV-I 8504	Informationen für die Erste Hilfe bei Einwirken gefährlicher chemischer Stoffe
GUV-I 8519	Gesprächsführung für Sicherheitsbeauftragte (Faltblatt)
GUV-I 8524	Prüfung ortsveränderlicher elektrischer Betriebsmittel
GUV-I 8540	Druckschriften-Verzeichnis BUK-Regelwerk Sicherheit und Gesundheitsschutz
GUV-I 8542	Meldungen des Sicherheitsbe--auftragten (Meldeblock)
GUV-I 8543	Bestellung zum Sicherheitsbeauftragten (Vordruck)
GUV-I 8549	Aufkleber für Maschinen (Schutzalterhinweis)
GUV-I 8540	Sicheres Arbeiten in chemischen Laboratorien
EG-Richtlinie 90/270	**Sicherheit und Gesundheitsschutz bei der Arbeit an Bildschirmgeräten**
GUV-I 8566	Sichere und gesundheitsgerechte Gestaltung von Bildschirmarbeitsplätzen
GUV-I 8566	Aufkleber "Erste Hilfe"
GUV-I 8577	Arbeiten im Offsetdruck - Umgang mit Arbeitsstoffen
GUV-I 8589	Beurteilung von Gefährdungen und Belastungen am Arbeitsplatz
GUV-I 8700	Gefährdungen und Belastungen am Arbeitsplatz
GUV-R 111	GUV-Regel Küchen
GUV-R 120	GUV-Regel Laboratorien
GUV-R 132	Richtlinien für die Vermeidung von Zündgefahren infolge elektrostatischer Aufladungen
GUV-R 133	GUV-Regel Ausrüstung von Arbeitsstätten mit Feuerlöschern
GUV-R 1526	Tritte
GUV-R 1535	Sicherheitsregeln für Büro-Arbeitsplätze
GUV-R 181	Merkblatt für Fußböden in Arbeitsräumen und Arbeitsbereichen mit Rutschgefahr
GUV-R 189	GUV-Regel Benutzung von Schutzkleidung
GUV-R 190	GUV-Regel Benutzung von Atemschutzgeräten
GUV-R 191	GUV-Regel Benutzung von Fuß- und Beinschutz

10

GUV-R 192	GUV-Regel Benutzung von Augen- und Gesichtsschutz
GUV-R 193	GUV-Regel Benutzung von Kopfschutz
GUV-R 195	GUV-Regel Benutzung von Schutzhandschuhen
GUV-R 2104	Richtlinien für höhenverstellbare Zwischenböden in Bädern
GUV-SI 8011	Richtig sitzen in der Schule
GUV-SI 8009	Sicher und fit am PC in der Schule
GUV-SI 8016	Sichere Schultafeln
GUV-SI 8018	Giftpflanzen - Beschauen, nicht kauen
GUV-SI 8020	Notruf-Nummern-Verzeichnis (Schulen)
GUV-SI 8027	Mehr Sicherheit bei Glasbruch
GUV-SI 8035	Matten im Sportunterricht
GUV-SI 8036	Keramik, Ein Handbuch für Lehrkräfte
GUV-SI 8037	Papier, Ein Handbuch für Lehrkräfte
GUV-SI 8038	Metall, Ein Handbuch für Lehrkräfte
GUV-SI 8039	Kunststoff, Ein Handbuch für Lehrkräfte
GUV-SI 8042	Lebensmittel- und Textilverarbeitung Ein Handbuch für Lehrkräfte
GUV-SI 8044	Sportstätten und Sportgeräte
GUV-SI 8048	Checklisten zur Sicherheit im Sportunterricht
GUV-SI 8051	Feueralarm in der Schule
GUV-SI 8061	Bestellung zum Sicherheitsbeauftragten für innere Schulangelegenheiten (Vordruck)
GUV-SI 8064	Merkblatt für Schulleiter und Sicherheitsbeauftragte für innere Schulangelegenheiten
GUV-SI 8065	Erste Hilfe in Schulen
GUV-SI 8066	Erste Hilfe in Kindertageseinrichtungen
GUV-SR 2001	**Richtlinien für Schulen – Bau und Ausrüstung**
GUV-SR 2002	Richtlinien für Kindergärten – Bau und Ausrüstung
GUV-SR 2003	GUV-Regel Umgang mit Gefahrstoffen im Unterricht
GUV-SR 2004	Anhang 1 zur GUV-SR 2003
GUV-SR 2005	GUV-Regel Umgang mit Gefahrstoffen in Hochschulen
GUV-SR 2006	Regeln für Sicherheit und Gesundheitsschutz….. mit biologischen Arbeitsstoffen im Unterricht
GUV-V A8	Sicherheits- und Gesundheitsschutzkennzeichnung am Arbeitsplatz

Mutterschutzgesetz

Weitere Abkürzungen

ArbSchG........Arbeitsschutzgesetz	
ArbStättV.....Arbeitsstätten-Verordnung mit **Abschnitte 6** für Maßnahmen zur **Gestaltung von BAP**.	
ASiG...........Gesetz über Betriebsärzte, Sicherheitsingenieure und andere Fachkräfte für Arbeitssicherheit	
GefStoffV.....Gefahrstoffverordnung (neu ab 12.2010)	
GUV.............Gesetzliche Unfallverhütungsvorschrift.	
KMK.............Kultusministerkonferenz der Länder	
PSA-BV........Verordnung.....persönlicher Schutzausrüstungen	
TRGS ....Technische Richtlinien für Gefahrstoffe	
UVV............ ..Unfall-Verhütungs-Vorschrift	
VStättVO Versammlungsstättenverordnung	

Die in **Rot** hervorgehobenen Vorschriften bzw. Bezeichnungen, z.B. AMD, MblSchul, TR-Schulen und VwHdbSchul, gelten nur für das Land Hamburg und haben keine besondere Bedeutung in Sachen Arbeitsschutz und Gesundheitsschutz an Schulen anderer Länder. Sie dienen hier der Information.

AMEV. Hinweise für Innenraumbeleuchtung, Arbeitskreis Maschinen- u. Elektrotechnik, Hamburg.	
AMD..... ... .Arbeitsmedizinischer Dienst, Hamburg	
IfL......... . .Institut für Lehrerfortbildung, Hamburg	
MblSchul... . Mitteilungsblatt für Schulen, (Hamburg)	
TR-Schulen.. Technische Richtlinien der Baubehörde Hamburg	
VwHdbSchul. Verwaltungshandbuch Schulen Hamburg	

Allgemein an Schulen

Alarmplan an Schulen

a) Regelung für den Brandfall in der Schule und in der Verwaltung

Für den Brandfall sind Maßnahmen zu planen. Die bestehen hauptsächlich aus der Alarmierung und dem Wissen über die Rettungswege ins Freie. Dazu gehören:

•   der Alarmplan mit einem Ablauf der zu treffenden Maßnahmen,
•   Pläne über die Flucht- und Rettungswege und
•   die richtigen Rettungsweg- und Brandschutzzeichen.

Empfohlene Maßnahme

Es sollten:

•   jeweils ein Alarmplan am Anfang von Fluren hängen,
•   jeweils mindestens ein Plan über die Flucht- und Rettungswege in Fluren hängen und
•   es sollten überall die richtigen Rettungswegzeichen, falls es sich einrichten lässt, in Fußbodenhöhe, nämlich außerhalb von Rauchbereichen, sonst oberhalb von Ausgangstüren und an Wänden von Treppenabsätzen, angebracht sein.

b) Die Notrufnummern von Polizei und Feuerwehr

Die Notrufnummern von Polizei und Feuerwehr sollten durch deutliche Hinweise immer dort zur Verfügung stehen, wo Notrufeinrichtungen vorhanden sind. Notrufeinrichtungen sollten z.B. eingerichtet und im Betrieb stets erreichbar sein in: *naturwissenschaftlichen Räumen, Küchen, Sporthallen, anderen Gebäuden, Vorschule, Werkstätten, Maschinenräumen und fachpraktischen Ausbildungsplätzen.*

Empfohlene Maßnahme

In Verkehrs- und Rettungswegen sollte auf die nächste Notrufeinrichtung verwiesen werden. Die regelmäßigen Übungen, *"Feuersicherheit an Schulen"*, sind durchzuführen.

Vgl.:   GUV-V A1, § 22 und GUV-SI 8051 und GUV-SI 8020.

Es sollten Gespräche mit der Feuerwehr, Brandschutzabteilung, geführt werden.

Allgemein

Störungen am Hausalarm sind sofort zu melden und sofort zu beheben. Auslöser/Melder für den Hausalarm, "Feuermelder", sind rot und in 1,5 m Höhe zu installieren.

Vgl.: DIN-EN 14675 und VDE 0108 und GUV-V A1, § 22 sowie Alarmplan: Muster und GUV-SI 8051, Feueralarm in der Schule,

Alarmplan, Muster I

 in der Fassung der Unfallverhütungsvorschrift „Sicherheits- und Gesund-
heitsschutzkennzeichnung am Arbeitsplatz" (GUV-V A 8), Anhang 3

Verhalten im Brandfall
Ruhe bewahren

1. Brand melden **Telefon:** *(Tel.-Nr. einfügen)*
pder / und ....
Wer meldet?
Was ist passiert?
Wie viele sind betroffen/verletzt?
Wo ist etwas passiert?
Warten auf Rückfragen!

 Brandmelder betätigen

2. In Sicherheit bringen Gefährdete Personen mitnehmen

Türen schließen

Gekennzeichneten
Rettungswegen folgen

Aufzug nicht benutzen

Anweisungen beachten

3. Löschversuch unternehmen Feuerlöscher benutzen

Vgl.: GUV-SI 8051, S. 8 (für Schulen und Kindergärten)
und GUV-V A8, Anhang 2 bzw. DIN 14096-1

Alarmplan (Muster) II

Alarmplan
Ruhe bewahren

Feuerwehr
bei Unfall,
bei Feuer:

Polizei
bei Überfall,
bei Einbruch:

112   110

Eigene Telefon.Nr.:

Name des Anrufers.

Schule:

WAS ist passiert.

Erste Hilfe:
Frau........
Herr....

Verbandskasten befindet sich in Raum.....

Arzt: **Herr.Dr.**   **Telef.:**
Frau Dr.   **Telef.:**

Krankenhaus:
Telef.:

s. Brandschutzordnung DIN-EN 14096-1

Arztraum (bzw. Raum mit Liegemöglichkeit zur Erstversorgung)

In allgemein bildenden und berufsbildenden Schulen sowie Hochschulen hat der Unternehmer mindestens eine geeignete Liegemöglichkeit oder einen geeigneten Raum mit Liegemöglichkeit zur Erstversorgung von Verletzten vorzuhalten. Die „Grundsätze der Prävention" GUV-V A1 verweisen auf die "Erste Hilfe". Die sollte eingehalten werden
Empfohlene Maßnahme
• Der Raum muss sich im Erdgeschoss befinden, damit er mit einer Krankentrage leicht erreicht werden kann.
• Der Raum muss einen Erste-Hilfe-Kasten haben.
• Der Raum muss ein Notruftelefon mit Anschluss an eine öffentliche Notrufzentrale haben.
• Der Raum sollte ein Waschbecken mit Kalt- und Warmwasser haben.
• Die Raumtemperatur sollte 22 ° C betragen.
• In dem Raum sollte eine Krankentrage gem. DIN-EN 13025 vorhanden sein.
• Die Kennzeichnung der Eingangstür des Sanitätsraumes erfolgt mit dem Klebeschild, Best.-Nr. GUV-I 8577, E 06: "Weißes Kreuz auf grünem Grund" Größe = 10 x 10 cm (s. auch S. 61)
• Die Fensterscheiben des Sanitätsraumes müssen undurchsichtig sein.
Der Sanitätsraum ist eine wesentliche Vorbereitung auf den Notfall. Er sollte vorschriftgemäß eingerichtet sein und nicht fremdgenutzt werden. Der Notfall muss immer bedacht werden.
Vgl.: GUV-I 662, z.B. 2.1.1 und GUV-V A8,
E 03: "Weißes Kreuz auf grünem Grund" (s. auch S. 56) und
GUV-V A1, § 25 (5).

Aufgaben der Schulleitung,
Befahren von Schulhöfen mit Pkw oder Baufahrzeugen während der Unterrichtszeit,
Zutritts- und Aufenthaltsverbote und
behindertengerechte Gestaltung der Schule.

a) Aufgaben der Schulleitung
Auf Grund ihrer Stellung soll die Schulleitung alle organisatorischen Maßnahmen ergreifen, um Gefährdungen im Schulbetrieb auszuschließen.

Empfohlene Maßnahme
- *Der Arbeitgeber*, das ist hier die Schulleiterin oder der Schulleiter, *hat diejenigen Beschäftigten zu benennen, die Aufgaben der Ersten Hilfe, Brandbekämpfung und Evakuierung der Beschäftigten übernehmen.*
- *Der Arbeitgeber*, das ist hier die Schulleiterin oder der Schulleiter, *kann zuverlässige und fachkundige Personen schriftlich damit beauftragen, ihm obliegende Aufgaben in eigener Verantwortung wahrzunehmen.* Damit ist insbesondere die Gefährdungsbeurteilung sowie deren Dokumentation entsprechend dem ArbSchG zu verstehen.
- An jeder Schule ist der Hausmeister für die Belange der äußeren Schulangelegenheiten und wenigstens 1 Sicherheitsbeauftragter, eine Lehrerin oder ein Lehrer, für die Belange der inneren Schulangelegenheiten, (z.B. Verwaltung) und es sind sinnvollerweise weitere Personen z.B. der/die Gefahrstoffbeauftragte, der/die Strahlenschutzbeauftragte schriftlich zu Sicherheitsbeauftragten zu bestellen.

b) Befahren von Schulhöfen mit Pkw oder Baufahrzeugen während der Unterrichtszeit
Die Schulleitung sollte ein Verbot des Befahrens des Schulgeländes während der Unterrichtszeit aussprechen oder eine Trennung des Baustellenverkehrs vom Pausenhof erwirken.

Empfohlene Maßnahme
Eine Absprache zwischen Schulleitung und der zuständigen Hochbauabteilung des Bezirksamtes ist durchzuführen.

Aufzugsanlagen für Personen und/oder Güter

In vielen Schulen befinden sich Aufzugsanlagen für Personen und/oder für Güter. Solche Aufzüge unterliegen grundsätzlich der Verordnung für Aufzugsanlagen (Aufzugsverordnung-AufzV). Ausgenommen sind z.B. nur kraftbetriebene Aufzugsanlagen mit einer Tragfähigkeit von höchstens 5 kg.
Alle Aufzugsanlagen müssen z.B. bei einem Amt für Arbeitsschutz , dem Gewerbeaufsichtsamt der Länder, gemeldet sein. Das ist üblicherweise bei der Errichtung durch eine Abnahmeprüfung erfolgt. Die Einrichtungsleitungen sind die Betreiber der Anlagen. Die wiederkehrenden Hauptprüfungen sowie Zwischenprüfungen und Prüfungen nach Schadensfällen und Unfällen werden daher im Auftrag der Schulleitung durchgeführt. Die fälligen Prüftermine werden in der Regel, der Schule vom Amt bzw. vom Gewerbeaufsichtsamt mitgeteilt.

Empfohlene Maßnahmen
- Es sollte sichergestellt werden, dass die vorhandenen Aufzugsanlagen für Personen und/oder Güter dem Amt bzw. dem Gewerbeaufsichtsamt gemeldet sind.

- Aufzugsanlagen sind durch sachkundige Personen in betriebssicherem Zustand zu erhalten und in erforderlichem Umfang warten und Instand setzen zu lassen. Dafür ist die Schulleitung verantwortlich.
- Für das Betreiben einer Aufzugsanlage, in welcher Personen befördert werden dürfen, ist wenigstens ein Aufzugswärter zu bestellen und anzuweisen. Dafür hat er in einer Prüfung, z.B. bei einem Amt für Arbeitsschutz, dem TÜV bzw. einem Gewerbeaufsichtsamt die Sachkunde nachzuweisen.
- Jeder Unfall und jeder Schadensfall ist der Aufsichtsbehörde, dem Amt, bzw. dem Gewerbeaufsichtsamt, unverzüglich anzuzeigen. Es besteht eine Anzeigepflicht.
- Hauptprüfungen für Aufzugsanlagen, in denen Personen befördert werden dürfen, erfolgen wiederkehrend alle **2 Jahre** und für Aufzugsanlagen, die ausschließlich der Güterbeförderung dienen und deren Tragfähigkeit höchstens 1.000 kg beträgt, alle **4 Jahre**. Die Prüftermine werden durch das Amt bzw. das Gewerbeaufsichtsamt bekannt gegeben und von dort eingehalten.
- Mindestens 1 Fahrkorb ist in öffentlichen Gebäuden **behindertengerecht** gem. EN/DIN auszuführen.
- Zwischenprüfungen sind nicht angemeldet und finden zwischen den Hauptprüfungen durch den Sachverständigen des Amtes bzw. des Gewerbeaufsichtsamtes statt.
- Prüfungen nach einer Unfall- und einer Schadensanzeige erfolgen durch das Amt bzw. durch das Gewerbeaufsichtsamt und können zu Auflagen an der Anlage führen.
- Aufzüge dürfen im Brandfall nicht benutzt werden. Dafür ist ein Hinweisschild an jeder Tür jedes Aufzuges deutlich und gut lesbar anzubringen. Solche Schilder bietet der Handel als Klebeschilder an.
Vgl.: Aufzugsverordnung-AufzV, Geräte- und Produktionssicherheitsgesetz und Brandschutzordnung, DIN-EN 14 096. Für Rückfragen können ein Amt für Arbeitsschutz, der TÜV bzw. das Gewerbeaufsichtsamt angesprochen werden

---

Aula bzw. Festsaal mit Szenenfläche

In vielen Aulen oder sog. Festsälen mit Szenenflächen, halten sich zeitweise weit mehr als 100 Personen auf. Der Raum wird zur Versammlungsstätte, wenn die zugehörigen Versammlungsräume mehr als 100 Personen fassen. Für Versammlungsstätten sind besondere Anforderungen an Sicherheits- und Rettungseinrichtungen erforderlich. Die werden nicht überall erfüllt:

1.	Solche Räume müssen zusätzlich zur allgemeinen Beleuchtung über eine Sicherheitsbeleuchtung verfügen. Rettungszeichen-Leuchten sind kein Ersatz für eine Sicherheitsbeleuchtung.
2.	Solche Räume müssen immer über einen 2. Rettungsweg verfügen. Der darf z.B. nicht in den gleichen Flur, also denselben Brandabschnitt, wie der 1. Rettungsweg führen.
3.	Es ist eine ausreichende Rettungswegbeschilderung, die aus den Räumen bis ins Freie führt, vorzusehen. Der Hinweis „Ausgang" oder „Notausgang" an den Ausgangstüren reicht nicht aus.
4.	In Nebenräumen, Fluren und Kleiderablagen sind Feuerlöscher vorzusehen.

Empfohlene Maßnahme
Um die Vorschriften für Versammlungsstätten zu erfüllen, ist folgendes einzuhalten:
1. Ein 2. Rettungsweg, der auf kürzestem Weg ins Freie führt, ist vorzusehen.
2. Es ist eine Sicherheitsbeleuchtung, die bis ins Freie führt, vorzusehen.
3. Es ist eine beleuchtete oder nachleuchtende Rettungswegbeschilderung, die bis ins Freie führt vorzusehen.
4. In Versammlungsräumen, in Nebenräumen und Fluren sowie in Kleiderablagen müssen jeweils mindestens ein 10-Liter Wasserfeuerlöscher vorhanden sein.
Vgl.: GUV-V A8 und GUV-V A1 § 22, ArbStättV § 7 (3), "Beleuchtung" DIN-EN 57108/VDE 0108 bzw. VDE 0108, Teil 1 sowie VStättVO

Bauliche Maßnahmen, Betellung von Geräten, z.B. VDE-Prüfzeichen

---

Bei der Bestellung von Geräten, ob elektrisch, motorisch oder mechanisch betrieben, ob Mikroskop, Rasenmäher, Werkzeug, Brennofen, Kücheneinrichtung bzw. Küchenmöbel, Sportgerät, Schaukel oder Spielzeug, sollte immer die Forderung nach einem VDE-Prüfzeichen (für Elektrogeräte) bzw. das Einhalten des Gerätesicherheitsgesetzes und der Unfallverhütungsvorschriften verlangt werden. Bei der Anschaffung z.B. einer Tischkreissäge, Bandsäge, der Einrichtung von Schweiß- und Lötplätzen sind besondere Bedingungen einzuhalten.
Vor Beginn einer Baumaßnahme sollte Rücksprache mit der zuständigen Bauabteilung erfolgen. Das wird damit begründet, dass sämtliche Bauaufträge bestimmte Bedingungen erfüllen müssen. Die sind aber zu häufig den Schulen im Einzelnen nicht bekannt.

Empfohlene Maßnahme
•	Bauzeichnungen und Leistungsverzeichnisse sollten z.B. **deutliche** Hinweise auf die Einhaltung der DIN-EN , VDE und GUV'en (sämtliche Unfallverhütungsvorschriften) haben.

- Farben für innen und außen und Kleber, z.B. für Teppiche, sollten immer emissions- und lösemittelfrei sein. Solche Produkte sind umweltfreundlich und haben das Zeichen e.l.f.
- Teppiche und Vorhänge müssen schwerentflammbar und emissionsfrei sein.
- Bei der Vergabe von Aufträgen und dem Koordinieren von Arbeiten ist die GUV-V A1, entsprechend einzuhalten. Es sind dem Auftragnehmer z.B. schriftlich die einzuhaltenden Bedingungen mitzuteilen und der Auftraggeber hat eine Person zu bestimmen, die die Arbeiten aufeinander abstimmt.
- Für Anstricharbeiten und z.B. für Bodenbelagarbeiten sowie für kleine Baumaßnahmen, gelten immer besondere VOB-Konditionen und behördliche Ausschreibungsunterlagen.
Vgl.: GUV-V A1, § 5 und § 6 und Gerätesicherheitsgesetz

Bildschirmarbeitsplatz, BAP, für Bedienstete

BAP für Bedienstete sollen alles in allem den Sicherheitsregeln entsprechen. Nicht richtig eingerichtete BAP können sehr schnell zu körperlicher Überanstrengung, Nackenschmerzen und Kopfschmerzen fahren. Das soll vermieden werden. *BAP* zur Unterstützung der Arbeit in den Schulbüros müssen der Bildschirmarbeitsverordnung (ArbStättV) entsprechen. **Bei der richtigen Einrichtung von BAP dürfen keine Unterschiede an die Arbeitsplatzanforderungen gemacht werden.**
Vgl.: ArbStättV. Abschn. 6 sowie GUV-I 8566

a) Arbeitstisch
Der BAP-Arbeitstisch muss eine ausreichend große und reflexionsarme Oberfläche besitzen und eine flexible Anordnung der Arbeitsmittel zulassen. Manchmal ist der Tisch zu klein und seine Höhe von oft 78 und mehr cm lässt eine ergonomisch günstige Arbeitshaltung nicht zu. Die vorhandenen Tischplatte erzeugt auch zu oft störende Reflexionen, die nicht sein sollen.

Empfohlene Maßnahme
Der Drucker sollte möglichst auf einem Beistelltisch aufgestellt werden. Es ist ein vorschriftsmäßiger Arbeitstisch mit einer reflexionsarmen Oberfläche, einer Höhe von 72 cm und einer Fläche von (L x B) 1.600 mm mind. 1.200 mm x 900 mm vorzusehen.

b) Beleuchtungsstärke
Zur Überprüfung einer ausreichenden Beleuchtungsstärke sollte die Gesamtbeleuchtung abzüglich Tageslicht am Arbeitsplatz, z.B. durch die Fachkraft für Arbeitssicherheit, gemessen werden. Dieser Wert liegt zu oft erheblich unter dem Mindestwert von 300 lx. Die Beleuchtung am Arbeitsplatz ist manchmal auch zu grell oder wird als solche empfunden und nicht immer günstig zum BAP angeordnet.

Empfohlene Maßnahme

Die Beleuchtungsstärke kann in den meisten Fällen durch bauliche Maßnahmen wesentlich verbessert werden. Es könnte z.B. eine zweite Lampenreihe in den Zimmern angeordnet werden oder die vorhandenen Lampen könnten tiefer abgehängt werden. Manchmal helfen stärkere Leuchten.

Vgl.: GUV-R 1535, 4.1 1.1

c) **Vorlagenhalter**

Es fehlen häufig Vorlagenhalter.

Empfohlene Maßnahme

An jedem Arbeitsplatz ist ein Vorlagenhalter, höhen- und neigungsverstellbar, vorzusehen.

d) **Schreibmaschinentisch**

Für die oft noch benutzte Schreibmaschine fehlt zu häufig ein Tisch mit einer richtigen Höhe von 65 cm. Der Tisch ist sehr oft viel zu hoch.

Empfohlene Maßnahme

Es ist ein richtiger Schreibmaschinentisch mit einer Höhe von 65 cm vorzusehen.

e) **Reflexionen am Bildschirm**

Grundsätzlich ist der Bildschirm immer so aufzustellen, dass die Blickrichtung des Sitzenden über den Bildschirm hinaus parallel zum Fenster verläuft. Durch das Sonnenlicht entstehen trotzdem zu oft Reflexionen am Bildschirm, denen nicht ausreichend ausgewichen werden kann. Sie stören erheblich beim Arbeiten. Die Aufstellung des Bildschirmes sollte parallel zum Fenster erfolgen.

Empfohlene Maßnahme

Alle Fenster müssen mit einer geeigneten verstellbaren Lichtschutzvorrichtung ausgestattet sein, durch die sich die Stärke des Tageslichteinfalls auf den Arbeitsplatz vermindern lässt. Dafür eignen sich Senkrechtlamellen besonders gut.

f) **Beleuchtungswirkungsgrad von Räumen**

Hinweise für die Innenraumbeleuchtung mit künstlichem Licht in öffentlichen Gebäuden sind durch die Vorgaben der DIN-EN 5035, Teil 1 und 2 gegeben. Demnach sollen Räume grundsätzlich **hell** gestaltet werden. Hell heißt, dass von allen Wänden, Decken und dem Fußboden das Licht nur zum Teil "verschluckt" werden darf. Man beschreibt so genannte Reflexionsgrade.

Die sollen bei: der

- Decke 70 %
- Wand im Mittel 50 % und
- Nutzebene bzw. Fußboden 20%

betragen.

Empfohlene Maßnahme

Die Decken, Wände und der Fußboden sollen mit hellen, lösemittelfreien und emissionsfreien Farben gestrichen werden. Der Reflexionsgrad der

Anstriche soll die vorstehenden Werte nicht unterschreiten. Da sehr oft durch Schränke und andere Möbel und deren Schattenbildung die angestrebte Heiligkeit eines Raumes nicht eingehalten werden kann, sollte erfahrungsgemäß nicht nur der Reflexionsgrad der Decke sondern auch der der Wände des Raumes 70 % betragen.

g) Elektrische Aufladungen

In den Büroräumen ist häufig für alle Personen eine elektrostatische Aufladung spürbar. Die "Sicherheitsregeln für Bildschirmarbeitsplätze" verweisen auf die "Sicherheitsregeln für Büroarbeitsplätze". Dort heißt es: "Für den Menschen spürbaren elektrischen Aufladungen ... ist entgegenzuwirken."

Empfohlene Maßnahme

Es sollten geeignete Maßnahmen gegen spürbare elektrostatische Aufladungen durchgeführt werden. Eine Erhöhung der relativen Luftfeuchte z.B. kann wegen der Fenster, Türen und wahrscheinlich wegen der nicht sichergestellten Hygiene, die mit Verteilen von Feuchtigkeit im Raum verbunden ist, nicht durchgeführt werden. Der Stand der Technik erlaubt das Verlegen leitfähiger Bodenbeläge bzw. Bodenbeläge, die sich elektrostatisch nicht aufladen. Der vorhandene Bodenbelag sollte gegen einen nicht leitfähigen ausgetauscht werden. Ein Teppichbodenbelag sollte nicht auf vorhandenes Linoleum bzw. vorhandenen PVC-Kunststoffbelag verlegt werden. Kleber und Teppich sollten schadstoff- und lösemittelfrei sein!

h) Bürodrehstühle

Häufig sind die benutzten Stühle (z.B. Konferenzstühle) ungeeignet. Das sind Stühle ohne geeignete Rückenlehnenverstellung, wie in der DIN-EN 4551 beschrieben, oder ohne Rollen oder ohne selbstbremsende Räder wie in der DIN-EN 68131 beschrieben. Sie entsprechen nicht dem "Stand der Technik".

Empfohlene Maßnahme

Es sind richtige Bürodrehstühle entsprechend den Büromöbelausschreibungen neu zu beschaffen. Diese erfüllen alle ergonomischen Anforderungen zur rückengerechten Sitzhaltung. Die Stühle sollten fünfstrahlig mit Rollen und gepolstertem Sitz sowie gepolsterter Lehne sein. Sie sollten Sitzhöhenverstellung, einstellbare Rückenlehne und, wenn erforderlich, Armlehnen haben.
Vgl.: GUV-R 1535, ArbSchG und ArbStättV. Abschn. 6

Allgemein:

i) Untersuchung der Augen

Den Beschäftigten am BAP soll vor Aufnahme der Tätigkeit und bei Auftreten von Sehbeschwerden am BAP eine angemessene Untersuchung der Augen und des Sehvermögens angeboten werden.

k) Umfang der Bildschirmarbeit

Die ArbStättV beschreibt:
Der Arbeitgeber hat die Tätigkeit der Beschäftigten so zu organisieren, dass die tägliche Arbeit an Bildschirmen regelmäßig durch andere Tätigkeiten oder durch Pausen unterbrochen wird, die jeweils die Belastung durch die Arbeit am Bildschirm verringern.

Bildschirmarbeitsplatz, BAP, für Schüler

Bei der Einrichtung von *BAP* für Schüler sollten die von der KMK herausgegebene Handreichung und das vom BUK herausgegebene Faltblatt die Grundlage bilden. Dabei könnte die von der KMK herausgegebene Handreichung wesentlich informativer sein als das Faltblatt des BUK. Beide Informationsblätter nehmen jedoch umfangreich Stellung zu den Themen:
Anforderungen an den Unterrichtsraum,
Anforderungen an die Arbeitsplätze und
Anforderungen aus pädagogisch didaktischer Sicht.
Vgl.: GUV-SI 8009 "Sicher und fit am PC" sowie
Handreichung zu Bau und Ausstattung an allgemeinbildenden Schulen, Fachraum für Informationstechnischen Unterricht, herausgegeben von der Zentralstelle für Normungsfragen und Wirtschaftlichkeit im Bildungswesen, Schilistr. 9-10, 10785 Berlin, Telf.: 030/25418-3
Achtung:
Die Einrichtung von *BAP* an Berufsschulen, sollte, wenn sie in Verbindung mit einer **fachpraktischen** Ausbildung steht, den geltenden Vorschriften entsprechen. Dies wird damit begründet, dass es sich dann nicht um Unterricht am *BAP* sondern um eine Arbeit im Sinne der Vorschriften am *BAP* handelt.
Vgl.: GUV-R 1535, ArbSchG und ArbStättV. Abschn. 6.

Blitzableiter am Schulgebäude

Oft liegen die Blitzableiter an verschiedenen Stellen an den Schulgebäuden nicht „plan" am Mauerwerk, wie es sein sollte, um Schüler am Klettern daran zu hindern. Das darf dann so nicht bleiben.
Empfohlene Maßnahme
Fallleitungen von Blitzschutz- und Erdungsanlagen sind mit Klemmblöcken ohne Abstand auf die Wand zu legen. Verschraubungen im Handbereich müssen zur Wand zeigen. Es reicht in der Regel aus, wenn diese Bedingungen bis in eine Höhe von 2,0 m eingehalten werden.
Vgl.: GUV-SR 2001, 4.2.7.2

Brandgefahr, Feuergefahr, Gefahr von Entstehungsbränden

Brandgefahr, Feuergefahr
Die Feuergefahr in Schulen wird viel zu häufig unterschätzt. Ein Auszug aus dem Besichtigungsprotokoll der Feuerwehr, Hamburg, vom 9.12.1998 schildert drastisch vorgefundene Zustände:
"...wurde festgestellt, dass in den meisten Klassenräumen Adventsgestecke mit Kerzen vorhanden sind. Die Kerzen sind ohne Schutz in die Gestecke gesteckt. Auch sind diverse Kerzen vorhanden, die in brennbaren Kerzenhaltern stehen oder es sind über Kerzen Kunststoffblumenringe gezogen und viele Kerzen stehen ohne Schutz auf den hölzernen Tischen.
In den Klassen stehen leichtbrennbare Schaumstoffpolstermöbel und es sind große Mengen brennbares Material vorhanden. Die öffenbaren Fenster, die zur Rettung von Personen über Leitern der Feuerwehr vorgesehen sind, und die im Verlauf der Fluchtwege zu den nächsten Klassen vorhandenen Zwischentüren (Notausgangstüren) sind verstellt.
Es ist erschreckend mit wie viel Leichtsinn hier mit dem Leben der Ihnen anvertrauten Kinder umgegangen wird. Es ist hier dringend und umgehend Abhilfe zu schaffen. Wenn dem Lehrpersonal der betreffenden Klassen die simpelsten Brandschutzmaßnahmen nicht bekannt sind, sollte dies durch eine Schulung behoben werden, damit auch den Kindern vermittelt werden kann, was im Umgang mit offener Flamme im vorbeugenden Brandschutz zu beachten ist...."

Gefahr von Entstehungsbränden
Viel zu häufig herrscht in Räumen eine sehr hohe Brandlast, die durch zu viele aufbewahrte brennbare Gegenstände entsteht. Sie wird oft erhöht durch die Aufbewahrung von leicht entzündliche Farben und Verdünnern in großen Mengen. Es werden leicht entzündliche Stoffe aufbewahrt und umgefüllt. Die Feuergefahr ist unter diesen Umständen zu groß. In einer Werkstatt z.B. dürfen Lösemittel, Lacke und leicht brennbare Flüssigkeiten nicht gelagert werden. Unzulässig ist die Lagerung brennbarer Flüssigkeiten in Arbeitsräumen *über 5 l der Gefahrenklasse A II oder B sowie über 1 l der Gefahrenklasse A I.*
Auch diese Mengen dürfen nur zum Fortgang der Arbeit bereitgehalten werden.

Empfohlene Maßnahme
• Das Umfüllen und Verarbeiten brennbarer Flüssigkeiten muss in Schulen z.B. bis zur völligen Ausgasung bzw. Trocknung unter einer Lüftung, z.B. einem Abzug erfolgen.
• Alle leicht entzündlichen Gefahrstoffe und lösemittelhaltigen Farben sollten durch weniger gefährliche Stoffe oder Zubereitungen ersetzt werden. Z.B. bieten Firmen Farben mit dem Kurzzeichen E.L.F. an. Das sind emissions- und lösemittelfreie Farben.
Vgl.: GUV-V A1, § 22, GUV-SR 2003, 6.3.10 sowie 6.3.11 und 6.3.12.

Brennofen, Aufstellung

Es ist häufig ein Brennofen aufgestellt und in Benutzung. Es muss eine Entlüftung ins Freie vorgesehen sein, weil davon ausgegangen werden kann, dass Fluor-Wasserstoff beim Brennen aus den Glasuren und aus dem Rohton entweicht. Diese Entlüftung ins Freie fehlt zu oft. Der Ofen kann so eine Gefährdung darstellen. Die ausströmenden Gase beinhalten möglicherweise Schwermetalle, die eingeatmet werden können.

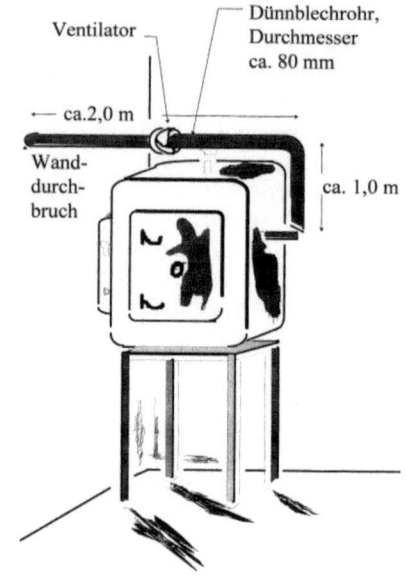

Empfohlene Maßnahme

• *Als Provisorium kann bis zur Einrichtung einer Entlüftung ins Freie folgendermaßen verfahren werden:*

• Der Ofen wird so selten wie möglich benutzt. Es werden keinerlei gefahrstoffhaltige Glasuren verwendet, wie z.B. mit den Inhaltsstoffen Blei, Barium, Cadmium, Selen, Fluor. Das Brennen erfolgt während unterrichtsfreier Zeit und der Aufstellungsraum muss gut zu belüften sein und gut durchlüftet werden. Unter solchen Vorsichtsmaßnahmen kann der Ofen in der Übergangszeit weiter betrieben werden. Der Umbau des Ofens sollte jedoch erfolgen.

• Die Entlüftung ins Freie kann dadurch bewirkt werden, dass oberhalb der seitlichen Abluftöffnung am Ofen ein Dünnblechrohr, mit der Nennweite 80 mm, ins Freie geführt wird. Das Rohr soll ca. 1 m senkrecht ansteigen und dann mit möglichst nicht mehr als ca. 2 m Länge horizontal ins Freie führen.

• Es sollte immer ein Ventilator eingebaut werden. Der ist am sinnvollsten mit dem elektrischen Schaltgerät zu koppeln und läuft auch in der Abkühlphase nach. Der Ventilator 'drückt' die austretenden Gase ins Freie. Außerdem ist ein Vogelschutzgitter vor dem Rohr im Freien anzubringen.

• Der Zwischenraum zwischen Gasaustritt am Brennofen und dem Eintritt in das senkrechte Rohr bleibt völlig frei. Er dient zur Erzeugung einer Kaminwirkung.

Vgl.: GUV-SI 8036 "Sicherheit im Technik-Unterricht, Keramik-Brennofen" GUV-SR 2003, 5.2

Brennofen, Glasuren

Die chemischen Bestandteile der Glasuren sind nicht immer bekannt. Es kann sein, dass Fluor-Wasserstoff, Blei und/oder Cadmium mit den Abgasen beim Brennen austreten. Dabei handelt es sich um Gefahrstoffe mit möglicherweise krebserregender Wirkung. Nur Gebinde der Glasuren ohne "Gefahrensymbol" sind geeignet. Nicht nur die beim Brennen entstehenden Gase können Schwermetalle enthalten und mit eingeatmet werden, sondern eine ähnliche Gefährdung kann auch durch Einatmen schwermetallhaltiger Pigmente, z.B. beim Umfüllen, entstehen.

Empfohlene Maßnahme

• Alle vorhandenen Glasuren und Pigmente mit "Gefahrensymbol" oder unbekannten Inhalts sollten entsorgt werden.

• Neueinkäufe sollten entsprechende Hinweise auf nicht mehr vorhandene Bestandteile, wie z.B. Blei und Cadmium berücksichtigen und haben.

Diese Information sollte auch an mögliche **Fremdbenutzer** weitergegeben werden!

Vgl.: GUV-SR 2003, 3.1.1 und 6.4

Büroarbeitsplatz im Sekretariat (kein BAP)

Der Büroarbeitsplatz im Sekretariat soll ergonomisch richtig gestaltet sein und den sicherheitstechnischen Anforderungen entsprechen. Das ist nicht überall der Fall. Nicht richtig eingerichtete Büroarbeitsplätze können gesundheitliche Beeinträchtigungen der dort arbeitenden Person zur Folge haben und sie schränken zu oft ein organisiertes Arbeiten erheblich ein.

a) Beleuchtungsstärke

Häufig reicht die Beleuchtungsstärke am Arbeitsplatz nicht aus. Zur Überprüfung sollte die Gesamtbeleuchtung abzüglich Tageslicht gemessen werden. Dieser Wert liegt zu oft erheblich unter dem Mindestwert von 300 lx. Die Arbeitsplatzbeleuchtung sollte dann verbessert werden.

Empfohlene Maßnahme

Die Beleuchtung am Arbeitsplatz kann z.B. durch eine zweite Lampenreihe in den Zimmern oder durch abgehängte Lampen wesentlich verbessert werden.

Vgl.: GUV-R 1535, 4.11.1

b) Bürodrehstühle

Die benutzten Stühle sind sehr oft ungeeignet. Es werden z.B. Stühle, Konferenzstühle, ohne geeignete Rückenlehnenverstellung, wie in der DIN-EN 4551 beschrieben, oder ohne Rollen oder ohne selbstbremsende Räder wie in der DIN-EN 68131 beschrieben, benutzt.

Das entspricht nicht dem "Stand der Technik". Die vorhandenen Stühle sollten dann ersetzt werden.

Empfohlene Maßnahme

Es sollten richtige Bürodrehstühle neu beschafft und benutzt werden. Die Stühle sollten fünfstrahlig mit Rollen und gepolstertem Sitz sowie gepolsterter Lehne sein. Sie sollten Sitzhöhenverstellung, einstellbare Rückenlehne und möglicherweise Armlehnen haben.

Vgl.: GUV-R 1535

Drehstromsteckvorrichtungen nach DIN-EN

Z.B. im Bereich, Werkstatt, befinden sich häufig Drehstromsteckvorrichtungen, die nicht der Vorschrift entsprechen.

Empfohlene Maßnahme

Stecker und Steckdosen, die nicht der Norm entsprechen, sind gegen Drehstromsteckvorrichtungen gem. DIN-EN 49462/63 auszutauschen. Diese Ausführung ist ab 01.01.1981 vorgeschrieben. Das Umrüsten "neuerer" Maschinen mit "Euro"-Steckern auf Perilex-Steckdosen ist verboten.

Steckvorrichtungen, Anschlusskabel		
Richtige Drehstromsteck-vorrichtung nach DIN 49462/63 (ab 1.1.1981 vorgeschriebene Ausführungsform).	Drehstrom-flachsteck-vorrichtung (ab 1.1.1981 nicht mehr zulässig).	Beispiel für Mehrfach-steckdosen.

Vgl.: GUV-V A2 § 3 und VDE 0100, Teil 550

Ein-Aus-Taster (keine Not-Aus-Schalter) für Arbeitsbereiche in Küchen, an Küchenzeilen, in Vorschulen Differenzierungs-räumen, Werkräumen, Fotolabors, in Räumen der Bildenden Kunst, in Computer- und Textilräumen

In den Arbeitsbereichen: *Küchen und Küchenzeilen, Vorschulen, Differenzierungsräume, Werkräume, Fotolabor, Bildende Kunst, Computerräume und Textilräume* sind die E-Herde und Steckdosen bzw. nur die Steckdosen der elektrischen Arbeitsbereiche jeweils mit einem zentralen Ein-Aus-Taster mit roter Kontrollleuchte und Schlüsselschalter einzurichten. Sie fehlen häufig. Außerdem müssen sie mit Fehlerstrom-Schutzeinrichtungen (RCDs) versehen sein. Fehlerstrom-Schutzeinrichtungen (RCDs) fungieren als Schutzorgane für die Steckdosenbereiche.

Empfohlene Maßnahme
• Die Ein-Aus-Taster mit roter Kontrollleuchte und Schlüsselschalter *(keine Not-Aus-Schalter)* sind einzurichten.
• Das Vorhandensein der Fehlerstrom-Schutzeinrichtungen (RCDs), 30 mA, ist zu überprüfen.
Vgl.: GUV-V A2, § 5, BGI 594, früher ZH 1/228, VDE 0100-410 und die DIN-EN VDE 0664, (s. auch Fehlerstrom-Schutzeinrichtungen (RCDs)).

Einfriedung des Schulgeländes

Schüler können sich nahezu überall im Gelände aufhalten. Die Vorschrift für den Bau von Schulen verlangt:
„Einfriedungen an Aufenthaltsbereichen dürfen bis zu einer Höhe von 2 m keine Spitzen oder Stacheldrähte haben.". Das wird an vielen Schulen nicht eingehalten. Das Schulgelände ist zu häufig an vielen Stellen mit Stacheldraht gesichert. Es besteht eine erhebliche Verletzungsgefahr. Die Schulleitung kann so ihrer Verantwortung für die Unfallverhütung im äußeren Schulbereich nicht nachkommen.

Empfohlene Maßnahme
Der Stacheldraht und die möglicherweise hochragenden Spitzen der Zaunpfähle sind zu entfernen.
Vgl.: GUV-SR 2001, 4.1.2.1, GUV-SI 8064

28

Einzelarbeitsplatz

Einzelarbeitsplätze bleiben häufig unbemerkt. Sie sind etwas anderes als Alleinarbeitsplätze. Bei Einzelarbeitsplätzen muss von einer erhöhten Unfallgefahr ausgegangen werden. Über die erhöhte Unfallgefahr besteht an solchen Arbeitsplätzen möglicherweise Unsicherheiten:

a) Fehlende Sichtverbindung
Z.B. fehlt häufig eine bzw. die vorgeschriebene Sichtverbindung nach draußen reicht nicht aus. Eine fehlende Sichtverbindung nach draußen ist immer eine Isolation.

Empfohlene Maßnahme
Der Raum sollte vorschriftsmäßig mit einer Sichtverbindung versehen werden. Dafür reicht häufig ein Fenster von 1,25 m² in der Tür.
Vgl.: ArbStättR zu § 7 der ArbStättV.

b) Erheblich erhöhte Brandlast
In dem Raum herrscht viel zu oft eine sehr hohe Brandlast, die durch viele aufbewahrte brennbare Gegenstände entsteht. Sie wird oft zusätzlich noch erhöht durch die Lagerung von lösemittelhaltigen Farben und Verdünnern in zu großen Mengen.
In Schulen darf nicht gelagert sondern nur aufbewahrt werden. Die Gefahrstoffe werden oft ohne Abzüge umgefüllt. Zum so genannten Umfüllen gehört auch schon die Entnahme. Gefährliche Gase können lange Zeit im Raum vagabundieren und mit eingeatmet werden.
Unzulässig ist auch die Lagerung brennbarer Flüssigkeiten z.B. in „Arbeitsräumen":
über 5 Liter der Gefahrenklasse A II oder B sowie über 1 Liter der Gefahrenklasse A I.
Auch diese Mengen dürfen nur zum 'Fortgang der Arbeit', z.B. während einer fachpraktischen Ausbildung in Berufsschulen, bereitgehalten werden.

Empfohlene Maßnahme
1. Wenigstens 2/3 der brennbaren Gegenstände sollte entsorgt werden. Das "Umfüllen" brennbarer Flüssigkeiten darf in Schulen nur im Abzug erfolgen. Ab einer bestimmten bevorrateten Menge sind z.B. die besonderen Verordnungen brennbarer Flüssigkeiten, VbF und der TRbF 110, zu beachten. Die Bevorratung leicht entzündlicher Stoffe sollte, und nur im Zusammenhang mit einer fachpraktischen Ausbildung, auf die Menge zum 'Fortgang der Arbeit' reduziert werden. Sonst sollte **keine** Aufbewahrung und Bevorratung mehr erfolgen.
2. Fast alle der verwendeten Stoffe können durch lösemittelfreie ersetzt werden.
Vgl.: GUV-SR 2003, 6.3.11 und 6.3.12

c) *Fehlendes Notruf-Telefon*

Es gibt in diesem Arbeitsbereich häufig kein Notruf-Telefon in dem Raum. Eine Unfallmeldung kann im Notfall nicht weitergegeben werden.

Empfohlene Maßnahme

Es ist unbedingt ein Notruf-Telefon zu installieren. Es sollte mit einer ständig besetzten Stelle in Verbindung stehen *und* die öffentliche Notrufzentrale erreichen können.

Vgl.: „Grundsätze der Prävention", GUV-V A1, § 25 (1).

d) *Gefährliche Flüssigkeiten in Lebensmittelbehältern*

Oft werden immer noch gefährliche Flüssigkeiten in Behältnissen aufbewahrt, die für Lebensmittel geeignet sind. Es können lebensgefährliche Verwechslungen möglich sein.

Empfohlene Maßnahme

Gesundheitsgefährliche Flüssigkeiten in Gefäßen, z.B. Marmeladengläser, oder Brauseflaschen, die für die Aufbewahrung von Lebensmitteln vorgesehen sind, sind restlos zu entsorgen.

Vgl.: GUV-V A1, § 21, und GUV-SR 2003, 6.3.5

Elektrische Betriebsmittel, Prüfung nicht ortsfester und ortsfester...

Es kann nicht mit Sicherheit gesagt werden, dass bei allen *ortsfesten* und *nicht ortsfesten* elektrischen Betriebsmitteln die regelmäßige Prüffrist eingehalten wurde bzw. wird. Sie stellt eine große Sicherheit für die Benutzer dar. *Nicht ortsfeste* elektrische Betriebsmittel sind z.B.: **Verlängerungskabel, Dia-, Film- und Tageslichtprojektoren,** **Ortsfeste** elektrische Betriebsmittel sind z. B.: **Steckdosen, Gasthermen mit 230 V-Anschluss und Verteilerkästen.**

Empfohlene Maßnahme

• *Nicht ortsfeste* elektrische Betriebsmittel der **Unterrichtsräume** in Schulen sind alle **12** Monate zu überprüfen. Die *nicht ortsfesten* elektrischen Betriebsmittel der **Verwaltungsräume** (*"Bürobetriebe"*) in den Schulen hingegen brauchen nur alle **24** Monate überprüft zu werden. Hierfür kann jeder Person ohne weitere Vorkenntnisse eine Unterweisung vermittelt werden.

• *Ortsfeste* elektrische Betriebsmittel sind von einer Fachfirma alle vier Jahre nach der ersten Inbetriebnahme zu überprüfen. Für die Überprüfung *ortsfester* elektrischer Betriebsmittel an allgemein bildenden Schulen sollten Kostenvoranschläge über die Schule eingeholt werden. Die Angebote müssen ausdrücklich der GUV-V A2 entsprechen.

Diese Unfallverhütungsvorschrift schließt alle VDE ein. Als Anbieter käme z.B. der TÜV in Frage.
Vgl.: <u>GUV-V A2</u>, GUV-I 8524

Elektrische lose Leitungen, z.B. in der Werkstatt, dem Näh- und Textilraum oder im Fachunterrichtsraum sowie Anzahl der elektrischen Steckdosen in den Klassenräumen

---

a) **Elektrische lose Leitungen, z.B. in der Werkstatt, dem Näh- und Textilraum oder im Fachunterrichtsraum**
Zum Anschluss von elektrischen Maschinen und Geräten, Mikroskopen und z.B. PC's laufen viel zu häufig elektrische Leitungen lose über den Fußboden. Das ist eine erhebliche Stolpergefahr.
Empfohlene Maßnahme
Entweder sollte einfach die Anzahl der elektrischen Steckdosen an geeigneter Stelle erhöht werden
oder es sollte die Möglichkeit eines von der Zimmerdecke herabhängenden Steckdosencontainers geprüft werden
oder die elektrische Zuleitung sollte unterhalb des Fußbodens z.B. an die Maschine, die fest montiert sein muss, herangeführt werden
oder die vorhandene elektrische Zuleitung sollte in einem auf dem Fußboden befestigten, beidseitig angeschrägten Kabelkanal sicher und fachmännisch verlegt werden.
Vgl.: <u>GUV-V A1</u> § 21
b) **Anzahl der elektrischen Steckdosen in den Klassenräumen**
Es wird häufig darüber geklagt, dass die Anzahl der elektrischen Steckdosen in den Unterrichtsräumen nicht ausreicht. Zu oft ist nur eine ungünstig gelegene Steckdose im Raum vorhanden. Die dann verlegten Verlängerungsleitungen bilden eine erhebliche Stolper- und Unfallgefahr. Das soll so nicht sein.
Empfohlene Maßnahme
Die fehlenden Steckdosen sind nachzurüsten. Für Unterrichtsräume bis 70 m²; sind insgesamt 2 Doppelsteckdosen zu installieren:
eine Doppelsteckdose neben der Wandtafel und
eine Doppelsteckdose an anderer geeigneter Stelle.
Für größere Unterrichtsräume gilt als Richtwert: eine Steckdose je 20 m²; Grundfläche.
Vgl.:   regionale Technische Richtlinien der Baubehörden

Erste-Hilfe-Kästen

Die Unfallverhütungsvorschrift beschreibt, *"dass das zur Leistung der Ersten Hilfe erforderliche ... Erste-Hilfe-Material ... zur Verfügung steht."* Dazu gehört, dass die Erste-Hilfe-Kästen vorschriftsmäßig eingerichtet sind und dass ein Verbandbuch geführt und über 5 Jahre aufbewahrt wird. Das Führen des Verbandbuches ist schulintern zu regeln. Z.B. sollte derjenige die Eintragung machen, der auch die "Erste Hilfe" leistet.
Empfohlene Maßnahme
Die Erste-Hilfe-Kästen (DIN-EN 13157-C, kleiner Kasten, bzw. DIN-EN 13169-E, großer Kasten) sind auf ihren Inhalt zu überprüfen.
Die Anzahl und die Größe der Erste-Hilfe-Kästen ist festgelegt. Es sollte praxisnah verfahren werden, d.h. grundsätzlich reichen "kleine Verbandkästen" aus. Die Erste-Hilfe-Kästen sollen möglichst nahe am möglichen Unfallort aufbewahrt werden.
Das sind vorrangig: *Arztraum, Sporthalle, Gruppenraum, naturw. Räume, Schulküche, Kantine, Laboratorium, Werkraum und Pausenhalle.*
Zum richtigen Auffüllen bzw. Nachfüllen vorhandener Erste-Hilfe-Kästen sollte mit dem "Merkblatt für Erste-Hilfe-Material" verglichen werden. Die Warenabforderung erfolgen:
für Erste-Hilfe-Kasten gem. DIN-EN 13157 C,
für Füllung gem. DIN-EN 13157 C,
Die Kennzeichnung der Schränke mit den Erste-Hilfe-Kästen und der Türen, die zu den Räumen mit den Erste-Hilfe-Kästen führen, erfolgt mit Klebeschildern, Größe = 10 x 10 cm, Best.-Nr. GUV-I 8577, "Weißes Kreuz auf grünem Grund",(s. auch S. 61). Diese, das "Merkblatt für Erste-Hilfe-Material" und das Verbandbuch sind kostenlos z.B. bei der Landesunfallkasse, Hamburg, und den Unfallkassen der Länder erhältlich:
Vgl.: „Grundsätze der Prävention", GUV-V A1, § 24 (1), GUV-I 511-1. und GUV-I 512, S. 4 und 5 (Inhalt der Verbandkästen).

Ersthelfer

Es sollte die Ausbildung von allen Lehrern und Lehrerinnen zu Ersthelfern erfolgen. Die Ausbildung von wenigen Lehrern und Lehrerinnen reicht nicht aus. Die Erste Hilfe ist während der Anwesenheit von Schülern sicherzustellen. "Der Unternehmer hat dafür zu sorgen, dass „...bei bis zu 20 anwesenden Versicherten ein Ersthelfer," zur Verfügung steht. Insbesondere ist die Erste Hilfe sicherzustellen bei: *Klassenreisen, Ausflügen mit der Klasse, im Turn- und Sportunterricht sowie im naturwissenschaftlichen Unterricht.*

Erste-Hilfe-Maßnahmen müssen auch für den Umgang mit Gefahrstoffen ausgerichtet sein! Hilfsorganisationen bieten diese Ausbildung an. Die Ersthelfer sollen dabei alle 2 Jahre an einem Lehrgang teilnehmen. Die Unterweisungen in den Sofortmaßnahmen am Unfallort (**Führerschein**) reichen hierfür nicht aus.

Empfohlene Maßnahme
Der Arbeitgeber, das ist hier die Schulleiterin oder der Schulleiter bzw. die Leitung einer Einrichtung, , *hat diejenigen Beschäftigten zu benennen, die Aufgaben der Ersten Hilfe, Brandbekämpfung und Evakuierung der Beschäftigten übernehmen.* Es sollte die Bereitschaft aller Lehrerinnen und Lehrer zur Ausbildung zu Ersthelfern erreicht werden.
Vgl.: „Grundsätze der Prävention", GUV-V A1, § 24 (5), VwHbSch 04.01.02 (S. 2: "Der Verantwortliche für innere Schulangelegenheiten") bzw. GUV-SI 8064 sowie GUV-SR 2003, 11 und ArbSchG § 10(2).

Fehlerstrom-Schutzeinrichtungen (RCDs)

Fehlerstrom-Schutzeinrichtungen (RCDs) fehlen häufig. Sie haben eine wichtige Schutzfunktion für bestimmte Steckdosenbereiche und sind in nachstehenden Bereichen unbedingt vorzusehen.

***a)* Wasch- und Duschräume**
In **Wasch- und Duschräumen** sind Stromkreise mit Steckdosen über Fehlerstrom-Schutzeinrichtungen (RCDs) abzusichern. Diese Schutzeinrichtungen müssen ebenfalls vorhanden sein.

Empfohlene Maßnahme
Die Fehlerstrom-Schutzeinrichtungen (RCDs), 30 mA, sind, falls sie fehlen, nachzurüsten.

***b)* Küchen und Küchenzeilen, Vorschulen, Differenzierungsräume, Werkräume, Fotolabor, Bildende Kunst, Computerräume und Textilräume**
Die Werkraum- und Lehrküchenverteilungen sind über Fehlerstrom-Schutzeinrichtungen (RCDs) abzusichern. Diese Schutzeinrichtungen müssen vorhanden sein.

Empfohlene Maßnahme
Die Fehlerstrom-Schutzeinrichtungen (RCDs), 30 mA, sind, falls sie fehlen, nachzurüsten.

Allgemein:
Die Fehlerstrom-Schutzeinrichtungen (RCDs) sind alle 6 Monate, arbeitstäglich, auf einwandfreie Funktion durch Betätigen der Prüfeinrichtung durch den Benutzer zu überprüfen.
Vgl.: GUV-V A2, § 5, BGI 594, früher ZH 1/228, VDE 0100-410 und die DIN-EN VDE 0664

Ferienheizung im Bereich Verwaltung, z.B. im Schreibbüro der Sekretärin oder des Sekretärs

In diesen Räumen fehlt häufig eine Ferienheizung. Die ist erforderlich, wenn hier während der unterrichtsfreien Zeit gearbeitet werden muss. Es kommt vor, dass an kalten Tagen, dieser Bereich unbeheizt bleibt, weil die Zentralheizung nicht eingeschaltet werden kann oder wird und weil eine Zusatzheizung fehlt.

Empfohlene Maßnahme
Es sollte eine Übergangsheizung mit Zeitschaltuhr für 1 Stunde Heizbetriebsvorwahl eingebaut oder die Möglichkeit geschaffen werden, in den Ferien den zentralen Heizbetrieb einschalten zu können.
Vgl.: ArbStättV, § 6.

Feuerlöscher

Die Anzahl der Feuerlöscher in Schulen ist nach der geltenden Vorschrift oftmals nicht mehr ausreichend. Die neue Vorschrift, DIN EN 3, beschreibt Löschmitteleinheiten, LE. Die LE richten sich nach der Brandgefährdung und der Grundfläche des zu schützenden Bereiches.
a) *Große Brandgefährdung*
Die Brandgefährdung wird z.B. in den Bereichen: **Werkstätten, Technik- und Arbeitslehreräumen** als *groß* eingestuft. Es sind z.B. in einem Raum bis zu 50 m²; Größe bis zu 3 Stck. 6 kg-ABC-Pulverfeuerlöscher und in einem Raum von 50 m²; bis 100 m²; Größe bis zu 4 Stck. 6 kg-ABC-Pulverfeuerlöscher vorzusehen.
b) *Mittlere Brandgefährdung*
Die Brandgefährdung wird z.B. in den Bereichen: **Büro bzw. Verwaltung, Hauswirtschaft und Küchen** als *mittel* eingestuft. Es sind z.B. in einem Raum von 50 m²; bis 100 m²; Größe bis zu 3 Stck. 6 kg-ABC-Pulverfeuerlöscher vorzusehen.
c) *Geringe Brandgefährdung*
Die Brandgefährdung wird z.B. in den Bereichen: **Flure, Nähräume und Räume in Bühnennähe und Gruppenräume in Kindergärten** als *gering* eingestuft. Bei geringer Brandgefährdung sind Feuerlöscher der Brandklasse A vorzusehen. In Hamburger Schulen, werden dafür z.B. 10 Lit. Wasserfeuerlöscher in entsprechender Anzahl von der Feuerwehr bevorzugt und festgelegt.
Empfohlene Maßnahme
Die sich neu ergebenden richtigen Feuerlöscher sollten nachgerüstet werden.

Wasserfeuerlöscher dürfen nicht in naturwissenschaftlichen Bereichen, auch nicht in den Vorfluren, die dahin führen, verwendet werden.

Als Faustregel sollte zunächst gelten:

- Alle 1,5 kg bzw. 2 kg-CO2-Feuerlöscher sollten entfernt werden.
- Unterrichtsräume für Werken, Technik und Arbeitslehre müssen jeweils mindestens einen 6 kg-ABC-Pulverfeuerlöscher haben.
- Feuerlöscher müssen an gut sichtbarer und leicht zugänglicher Stelle und in Griffhöhe von ca. 1,5 m angebracht sein.
- Jeweils ein Feuerlöscher, insbesondere in den Fluren, muss gesehen werden können und der Abstand zwischen ihnen sollte nicht mehr als höchstens 30 m betragen,
- Feuerlöscher sind alle 2 Jahre zu überprüfen, s. Aufkleber.

Vgl.: GUV-R 133 Rat erteilt die Feuerwehr.

Flucht- und Rettungswege,

In Schulen müssen sich Aushängepläne über die Flucht- und Rettungswege befinden. Sie richten sich auch an Personen, denen über ihre allgemeinen Pflichten hinaus besondere Aufgaben im Brandschutz übertragen sind.

Empfohlene Maßnahme

Aushängepläne über die Flucht- und Rettungswege sind nach Vorschrift zu erstellen. Rat erteilt die Feuerwehr.

Vgl.: DIN 14096-2, GUV-SI 8051 (z.B. für Schulen...) bzw. DIN 14096-2, Brandschutzordnung Teil A und B.

Flucht- und Rettungswege, Muster I

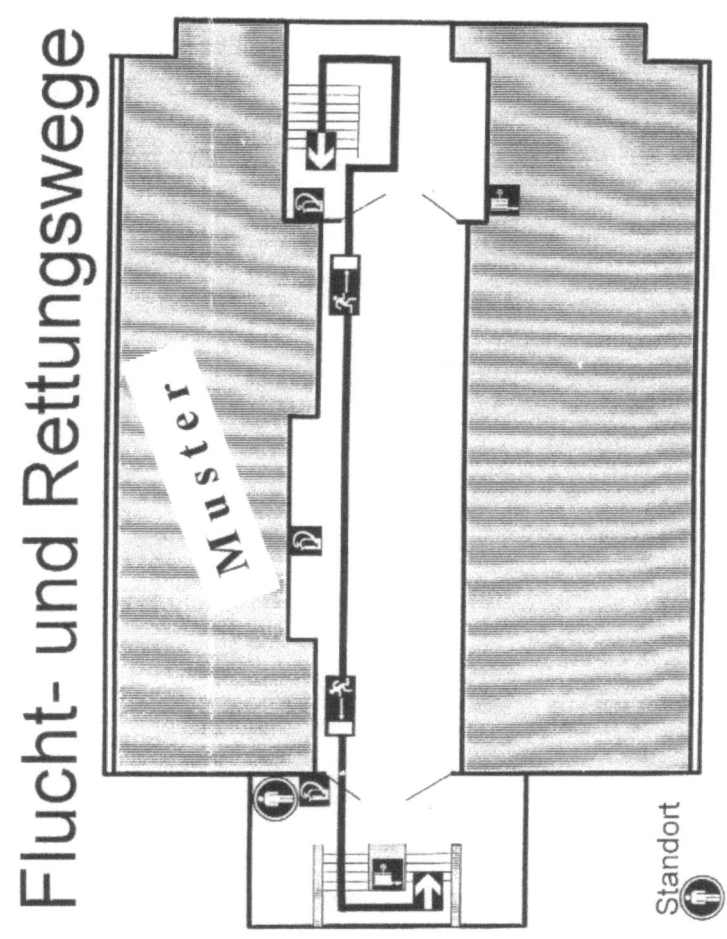

Vgl.: gem.: DIN 14096-2

Flucht- und Rettungswege, Muster II

Ausschnitt aus Teil B einer Brandschutzordnung nach DIN 14 096-2

Vgl.: GUV-SI 8051, S. 10 (z.B. für Schulen und Kindergärten) bzw. DIN 14096-2

Fotolabor

a) Dunkelkammer, Entlüftung und Entsorgung
Im Fotolabor werden Fixierbäder benutzt. Fixierbäder produzieren im allgemeinen gefährliche Zersetzungsprodukte, nämlich Ammoniak, Schwefeldioxid bzw. Natriumsulfid.
Diese Zersetzungsprodukte können oft nicht richtig abgesaugt werden. Eine freie Entlüftung ist nicht vorgesehen und auch technisch nicht möglich. Die Entsorgung der verbrauchten inaktiven Chemikalien sollte richtig gehandhabt werden. Die Umweltbehörde der Hansestadt Hamburg, E 112/11, informierte bereits mit Rundschreiben aus dem Jahr 1993: " *Verbrauchte Fotoentwicklungschemikalien dürfen nicht in das öffentliche Sielnetz eingeleitet werden. Diese sind zu sammeln und einer zugelassenen Beseitigungs- bzw. Verwertungsanlage zuzuführen.*
Die Entsorgung ist vor allen Dingen ein Beitrag zum Umweltschutz.
Empfohlene Maßnahme
Über einen lichtundurchlässigen Ventilator müssen die Gase abgesaugt und ins Freie geführt werden. Es ist für Frischluftzufuhr zu sorgen. Ein 5-facher Luftwechsel pro Stunde bzw. eine Absaugleistung von 9 m³/h/m²; wird als ausreichend angesehen. Die Rohrführung zur Abluft muss über Dach geführt werden. Für die Frischluftzufuhr sind verdunkelte Schlitze in der Dunkelkammer und in der Tür zum Vorraum vorzusehen.
Durch eine Fachfirma sind Behältnisse zur Entsorgung der inaktiven Fixierbäder aufstellen zu lassen. Das sollte in Absprache mit dem Bereich 'Chemie' erfolgen.
Es sind Betriebsanweisungen für Lehrer und Schüler zu erstellen.
Vgl.: GUV-SR 2003, 6. 1.1

b) Fehlerstrom-Schutzeinrichtungen (RCDs)
Der Werkraumverteiler muss eine Fehlerstrom-Schutzeinrichtung (RCD) erhalten. Dabei ist zu berücksichtigen, dass das Fotolabor zum Bereich Bildende Kunst und diese zum Bereich Werkräume gehört. Diese Schutzeinrichtung fehlt zu oft.
Empfohlene Maßnahme
Die Fehlerstrom-Schutzeinrichtung (RCD), 30 mA, ist nachzurüsten.
Vgl.: GUV-V A2, § 5, BGI 594, früher ZH 1/228, VDE 0100-410 und die DIN-EN VDE 0664

c) Fotolabor als Nassbereich
Das Fotolabor ist im Entwicklerraum ein so genannter Nassbereich. Die Steckdosen müssen hier der Vorschrift, spritzwassergeschützt, entsprechen. Das wird nicht überall eingehalten.
Empfohlene Maßnahme
Alle elektrischen Anlagen, z.B. sämtliche Steckdosen und elektrischen Geräte, müssen spritzwassergeschützt, Schutzart:
IP X4 nach DIN-EN 40 050, ausgeführt werden.
Vgl.: DIN-EN VDE 0100, Teil 737, 4.2 sowie VDE 0100, Teil 701, 5.3.1

38

d) Ätzende Stoffe

Oberhalb der Entwicklerbecken werden zu oft ätzende Stoffe über Augenhöhe auf einem Bord aufbewahrt bzw. abgestellt. Das ist sehr gefährlich.

Empfohlene Maßnahme

Ätzende Stoffe dürfen, wie vor Ort erklärt, nicht über Augenhöhe aufbewahrt bzw. abgestellt werden.

Vgl.: GUV-SR 2003, 3. 1.1 und 6.3.14

Garderobenhaken

Zu häufig befinden sich noch Garderobenleisten in den Schulen, deren Haken in den Raum ragen. Das darf nicht sein. Sie bilden eine Verletzungsgefahr. Garderobenhaken müssen abgeschirmt sein, z.B. durch vorgelagerte Schutzleisten. Das ist hier nicht der Fall. Hier sind die Haken vorgelagert.

Empfohlene Maßnahme

Die vorhandenen, gefährlichen Garderobenleisten sollten gegen vorschriftsmäßige ausgewechselt werden.

Vgl.: GUV-SR 2001, 4.2.7, GS/TÜV/CE-geprüfte Bauteile.

Gefährliche Flüssigkeiten und Stoffe: Aufbewahrung in zu großen Mengen, in Lebensmittelbehältern und Umgang damit.

---

a) Lagerung bzw. Aufbewahrung von gefährlichen Stoffen in zu großen Mengen

Es werden zu häufig leicht entzündliche Gefahrstoffe gelagert. Das können möglicherweise Reinigungsmittel aber auch Verdünner u.ä. sein. In Schulen darf nicht gelagert sondern nur aufbewahrt werden. Die Gefahrstoffe werden möglicherweise ohne Abzüge umgefüllt. Zum so genannten Umfüllen gehört auch schon die Entnahme. Gefährliche Gase können lange Zeit im Raum vagabundieren und mit eingeatmet werden. Sie können sogar zu Verpuffungen führen, wenn ein zündfähiges Gemisch entsteht. Unzulässig ist auf jeden Fall die Lagerung brennbarer Flüssigkeiten z.B. in "Arbeitsräumen": *über 5 l der Gefahrenklasse A II oder B sowie über 1 l der Gefahrenklasse A I.* Auch diese Mengen dürfen **nur** zum 'Fortgang der Arbeit', z.B. während einer fachpraktischen Ausbildung in Berufsschulen, bereitgehalten werden.

Empfohlene Maßnahme

Das "Umfüllen" brennbarer Flüssigkeiten darf in Schulen nur im Abzug erfolgen.

Die Bevorratung leicht entzündlicher Stoffe sollte, und das nur im Zusammenhang mit einer fachpraktischen Ausbildung, auf die Menge zum 'Fortgang der Arbeit' reduziert werden. Sonst sollte keine Aufbewahrung und Bevorratung mehr erfolgen.
Fast alle lösemittelhaltigen Stoffe können durch lösemittelfreie, d.h. weniger gefährliche ersetzt werden.
Vgl.: GUV-SR 2003, 6.3.11 und 6.3.12

b) Gefährliche Flüssigkeiten in Lebensmittelbehältern
Oft werden gefährliche Flüssigkeiten in Behältnissen aufbewahrt, die für Lebensmittel geeignet sind. Lebensgefährliche Verwechslungen sind möglich!!

Empfohlene Maßnahme
• Gesundheitsgefährliche Flüssigkeiten in Gefäßen, die für die Aufbewahrung von Lebensmitteln (z.B. in originalen Marmeladengläsern oder Brauseflaschen) vorgesehen sind, sind restlos zu entsorgen.
• Die Aufbewahrung von gefährlichen Stoffen erfolgt am besten in den Originalgefäßen; die Aufbewahrung von abgefüllten Mengen und von sauberen oder 'Wasch-' Restmengen sollte nur in neutralen, unverwechselbar beschrifteten Behältern erfolgen.
Vgl.: GUV-V A1, § 21, und GUV-SR 2003, 6.3.5

c) Umgang mit lösemittelhaltigen Stoffen im Unterricht
Im Unterricht werden manchmal noch lösemittelhaltige Stoffe, z.B. Kleber, Verdünner und lösemittelhaltige Farben bzw. Sprays benutzt. Solche Stoffe sollten keine Verwendung mehr finden. In der Schule sollten nur noch lösemittelfreie und gefahrstofffreie Kleber, Farben, Sprays usw. benutzt werden. Die Begründung ist darin zu suchen, dass gefährliche Stoffe nicht in die Atemwege von Lehrerinnen und Lehrern und nicht in die von Schülerinnen und Schülern gelangen sollen. Auch der Einstieg bei Schülern zum "Schnüffeln" soll verhindert werden. Außerdem können selbst kleine Mengen der gefährlichen Stoffe Allergien auslösen.

Empfohlene Maßnahme
Im Unterricht sollten nur noch gefahrstofffreie Stoffe Anwendung finden. Geschenke, die Schülereltern stiften, sollten immer daraufhin untersucht werden, ob sie gefahrstofffrei sind.
Die meisten Produkte sind mit dem Vermerk gekennzeichnet: "Ohne Lösungsmittel".
Vgl.: GUV-SR 2003, 3.2.2 und GUV-V A1, § 3

Gefahrstoffe, Lagerraum für leicht entzündliche Stoffe

Oft werden Gefahrstoffe und Stoffe der Gefahrenklasse A I bzw. A II in einem Raum gelagert, der nicht dafür vorgesehen und geeignet ist. Er erfüllt nicht die technischen Voraussetzungen für eine solche Lagerung. Er entspricht z.B., bei Lagerung entsprechend großer Mengen, nicht der Verordnung brennbarer Flüssigkeiten (VbF) und dem zugehörigen Technischen Regelwerk (TRbF 110, Lager).
Das kann an folgendem liegen:
die Gefahrstoffe werden auf leicht brennbaren Holzregalen aufbewahrt, der Raum hat keine ausreichende Be- und Entlüftung (fünffacher Luftwechsel), / in dem Fußboden befindet sich ein Abfluss, / die Rettungswege entsprechen nicht den Vorschriften, / die Beleuchtungseinrichtung ist nicht in ex-geschützt ausgeführt, die Sicherheitskennzeichnungen, nämlich Verbots- und Warnzeichen an der Tür,   innen und außen, fehlen und / es fehlt ein elektrischer Potenzialausgleich.
Als Lagerraum für Gefahrstoffe in größeren Mengen darf der Raum so möglicherweise nicht weiter benutzt werden.
Empfohlene Maßnahme
1. Der Raum sollte gem. der Verordnung überprüft und, wenn erforderlich, hergerichtet werden. Dafür wäre das Amt für Arbeitsschutz anzusprechen oder
2. der Raum sollte nicht mehr für diese Art der Lagerung von Gefahrstoffen vorgesehen werden. Möglicherweise könnte, nach gründlicher Stoffe- und Mengenminimierung, die Aufstellung vorschriftsmäßiger Chemikalienschränke und eines Sicherheitsschrankes, gem. DIN 12925, mit Entlüftungen erfolgen. Dieser Weg wäre zwar der kostengünstigere und empfehlenswertere, er sollte aber nur in Erwägung gezogen werden, wenn dadurch keine langen bzw. weiten Wege zum Unterrichtsraum und damit neue Gefährdungen entstehen.
Vgl.: GUV-SR 2003, 6.3, VbF bzw. TRbF 110 (Lager) sowie GUV-V A8.

Glas in Schränken, Vitrinen, Drahtglas und Einfachverglasungen in Türen sowie Spiegel

a) Glas in Schränken und Vitrinen
In den Schranktüren sowie in Vitrinen besteht die Verglasung häufig noch aus Einfachglas und nicht aus unzerbrechlichem Glas. Einfachglas kann bei Bruch zu Schnittverletzungen führen. Der Zugang zu den Schränken ist oft nicht erschwert, wie es die Unfallverhütungsvorschrift „..Schulen..." vorschreibt: ... dass Schüler zu dem Raum keinen Zugang

haben oder dass solche Schränke nicht in Verkehrswegen, Rettungswegen oder Klassenräumen stehen oder dass die Verglasungen hinter bepflanzten Schutzzonen liegen.

Empfohlene Maßnahme

Um das teure Sicherheitsglas zu vermeiden, könnte das Glas möglicherweise ganz entfernt und durch Sperrholzplatten ersetzt werden. Häufig kann auch ein "Sichten" der in den Schränken aufbewahrten Gegenstände und ein „Neuordnen" oder „Entsorgen" dazu führen, dass die Schränke leer werden. Sie sollten dann ganz entfernt werden.

b) Drahtglas und Einfachverglasung

In vielen Durchgangstüren, z.B. in den Fluren oder in Eingangstüren und bis in Fußbodenhöhe reichenden Fenstern besteht die Verglasung zu häufig noch aus Drahtglas oder sogar aus zerbrechlichem Einfachglas. Das ist eine ganz erhebliche Unfallgefahr.

Empfohlene Maßnahme

Drahtglas und zerbrechliches Einfachglas dürfen in Fluren oder in Eingangstüren, deren Glasscheiben bis in Bodennähe reichen, nicht verwendet werden.

c) Spiegel

Spiegel sind ebenfalls oft nicht unzerbrechlich, wie es die Vorschrift verlangt.

Empfohlene Maßnahme

Verglasungen müssen, gemessen von der Standfläche, bis 2 m Höhe aus Sicherheitsglas oder Materialien mit mindestens gleichwertigen Sicherheitseigenschaften bestehen, so dass Schnittverletzungen bei Glasbruch vermieden werden. Drahtgläser und Einfachverglasungen sind durch Sicherheitsglas zu ersetzen. Sicherheitsglas o.ä. ist nur dann nicht erforderlich, wenn der Zugang zu Verglasungen erschwert ist. Der Zugang gilt als erschwert, / - wenn ein mindestens 1 m hohes Geländer mindestens 20 cm vor der Verglasung vorhanden ist, / -bei Fenstern, wenn die Fensterbrüstung mindestens 80 cm hoch und / wenn die Fensterbank mindestens 20 cm tief ist, und / -bei Schränken und Vitrinen in Fachnebenräumen, wenn die Verglasung hinter bepflanzten Schutzzonen liegt.

Sicherheitsglas ist Einscheiben-Sicherheitsglas (ESG) oder Verbund-Sicherheitsglas (VSG) gemäß DIN 18 361. Drahtglas ist kein Sicherheitsglas. Glastüren und andere Glasflächen, die zum Fußboden allgemein zugänglicher Verkehrsflächen herab reichen, sind so zu kennzeichnen, dass sie leicht erkannt werden können. Dies wird erreicht z.B. durch Querriegel Brüstungselemente, Kennzeichnungen.

Vgl.: GUV-SR 2001, 4.2.6 und GUV-SI 8027, 4, Spiegel aus zerbrechlichem Glas sollten entweder ganz entfernt oder gegen unzerbrechliche Therapiespiegel ausgetauscht werden.

Die bietet der Handel an.

Heizkörperthermostatventile in der ganzen Schule

Oft fehlen in vielen Heizkörpern die Thermostatventile. Die vorhandenen Absperr- bzw. Öffnungsventile lassen ein gleichmäßiges Regeln der Raumtemperatur nicht zu. Sie sind außerdem unwirtschaftlich.

Empfohlene Maßnahme

Alle Heizkörper sollten mit Thermostatventilen versehen werden. Sie sollten außerhalb von Klassen- und Unterrichtsräumen individuell bedienbar sein. So wäre eine gleichmäßige, gesundheitlich zuträgliche Raumtemperatur zuverlässig sicherzustellen.

Vgl.: ArbStättV § 6 (2) und TR-Schulen 10.3

Holzstaub, Betriebsanweisung	Holzstaub
Betriebsanweisung Nr.	
nach §20 Gefahrstoffverordnung und TRGS 555	
Arbeitsplatz:	Datum:
Tätigkeit:	Unterschrift:
Gefahrstoffbezeichnung	
Buchenholzstaub/Eichenholzstaub: Diese Stäube entstehen bei der Be- und Verarbeitung von Holz und Holzwerkstoffen.	
Holzstaub anderer Holzarten	
Gefahren für Mensch und Umwelt	
Holzstäube können zusammen mit einer Zündquelle und dem vorhandenen Luftsauerstoff Brände und Explosionen auslösen.	
Holzstäube, besonders solche von tropischen Hölzern, können nach Sensibilisierung allergische Erscheinungen, z. B. der Haut oder der Atemwege, hervorrufen.	
Buchenholz- und Eichenholzstaub sind als krebserzeugend eingestuft (Nasenschleimhautkrebs). Das krebserzeugende Prinzip ist noch unbekannt.	
Die Stäube anderer Hölzer stehen im Verdacht, krebserzeugende Wirkung zu besitzen.	

Schutzmaßnahmen und Verhaltensregeln
Die staubemittierenden Bearbeitungsmaschinen müssen mit Absaugeinrichtungen betrieben werden; dies gilt auch für Handmaschinen. Handschleifarbeitsplätze müssen ebenfalls abgesaugt werden. Auf den Anschluss an eine Absauganlage kann bei Handbohrmaschinen und Ständerbohrmaschinen verzichtet werden. Bei Kettensägemaschinen, Gattersägemaschinen, Abbundanlagen und Baustellenkreissägemaschinen kann auf den Anschluss an eine Absauganlage nur verzichtet werden, soweit diese Maschinen im Freien oder in ausreichend belüfteten Räumen, z. B. seitlich offenen Hallen, betrieben werden.
Fehlen im Einzelfall Absauganlagen, so müssen Atemschutzgeräte (Filtergeräte mit Partikelfiltern, Filterklasse P2) benutzt werden.
Die optimale Einstellung der Stauberfassungselemente an der Staubentstehungsstelle ist vor Aufnahme der Arbeit zu kontrollieren.
Zur Verbesserung der Absaugwirkung sind die Schieber in den Anschlussleitungen der nicht benutzten Maschinen zu schließen.
Arbeitsplätze und Maschinen müssen regelmäßig von Staubablagerungen und Spänen durch Aufsaugen gereinigt werden. Abblasen mit Druckluft und Kehren sind nicht zulässig.
Atemschutzgeräte müssen im Betrieb bereitgestellt und bei Bedarf benutzt werden.
Verhalten im Gefahrfall
Störungen an Filteranlagen sind unter Benutzung von Atemschutzgeräten zu beheben.
Im Brandfall sind die Feuerlöscheinrichtungen zu benutzen und die Feuerwehr unter Notruf 1 1 2 zu verständigen.
Glimmbrände in Staubablagerungen nicht durch scharfen Löschmittelstrahl aufwirbeln - Staubexplosionsgefahr!
Brände und Explosionen, insbesondere in Filteranlagen und Silos, sind der Berufsgenossenschaft und dem zuständigen Gewerbeaufsichtsamt unverzüglich anzuzeigen. Dies gilt auch für Fälle ohne Personenschaden.
Telefon:
Sachgerechte Entsorgung
Holzstaub und -späne in Silos, Containern, Staubsammelsäcken usw. sammeln und staubfrei weiterverwerten, z. B. verbrennen.

Holzwerkstatt

In der Holzwerkstatt ist häufig zu viel feiner Holzstaub. Möglicherweise werden neben anderen Hölzern auch Eichen-, Buchenhölzer, Span- und Sperrholzplatten sowie unbekannte Hölzer mit einem Anteil von 20 % Eichen- und Buchenholz, verarbeitet. Das soll nicht sein. Buchen- und Eichenholz soll in Schulen grundsätzlich nicht mehr verwendet werden. Als besonders gefährdend werden zusätzliche Dämpfe von Holzschutzmitteln oder Lacken eingestuft, z.B., wenn die zu sägenden Hölzer zuvor damit gestrichen, getränkt oder eingelassen wurden (z.B. Althölzer). Bei der Bearbeitung von Holz ist das gesundheitliche Risiko von Holzstaub in der Luft nach dem Stand der Technik zu minimieren. Insgesamt werden in der Holzwerkstatt oft nicht alle Sicherheitsregeln und Unfallverhütungsvorschriften eingehalten. Das kann an folgendem liegen:

a) **Verwendungsverbot**
Das Verwendungsverbot von Eichen- und Buchenhölzern wird zu oft nicht eingehalten.
Empfohlene Maßnahme
Auf die Verwendung von Eichen- und Buchenhölzern, wie eingangs erklärt, sollte verzichtet werden.
Vgl.: s. Holzstaub, Betriebsanweisungen S. 42

b) **Staubabsaugung**
Die Tischkreissäge hat sehr oft keine bzw. eine Staubabsaugung, die in keiner Weise dem "Stand der Technik" entspricht. Eine Nachrüstung mit einer Staubabsaugung, "staubgeprüft", kann in den meisten Fällen nicht empfohlen werden, weil so genannte "Nachrüstsätze" passend zur vorhandenen Tischkreissäge hergestellt und geprüft worden sein müssen.
Empfohlene Maßnahme
Grundsätzlich sollte z.B. bei Standardholzbearbeitungsmaschinen, bei denen der Holzstaub an der Entstehungsstelle abgesaugt wird und kein geprüfter Entstauber vorhanden ist, täglich höchstens eine Stunde gearbeitet werden.
Maschinen ohne Prüfzeugnis sollten jedoch im Rahmen eines "Nachrüstungsprogramms von Holzbearbeitungsmaschinen" ausgemustert und gegen neue ersetzt werden.
Für die Neubeschaffung der Holzbearbeitungsmaschine und Absauganlage mit dem Zeichen "staubgeprüft/H 2" sollte das IfL-Hamburg, Arbeitslehre, zur Beratung angesprochen werden.
Vgl.: GUV-SR 2003, 5.2

c) **Bandsäge**
Die Bandsäge hat sehr oft keine Staubabsaugung. Die kann auch praktisch nicht nachgerüstet werden.

Empfohlene Maßnahme

Die Maschine sollte im Rahmen eines *"Nachrüstungsprogramms von Holzbearbeitungsmaschinen"* ausgemustert und ersetzt werden.
Eine Neubeschaffung der Holzbearbeitungsmaschine und Absauganlage mit dem Zeichen "staubgeprüft/H 2" sollte erfolgen.
Vgl.: s. Holzstaub, Betriebsanweisungen,   Seite 42

d) Atemschutzmaske

Im Arbeitsbereich Holzwerkstatt wird häufig keine oder keine richtige Atemschutzmaske vorrätig gehalten. Die ist aber beim Sägen an nicht richtig abgesaugten Maschinen erforderlich.

Empfohlene Maßnahme

In der Holzwerkstatt ist eine Atemschutzmaske, die den Mund und die Nase einbezieht, vorrätig zu halten und beim Sägen zu benutzen. Der Atemschutz muss einen Partikelfilter Klasse FFP 2 beinhalten. Es handelt sich dabei um im Handel erhältliche Serienprodukte. Diese Maßnahmen sind bis zur Aufstellung und Benutzung einer vorschriftgemäßen Maschine erforderlich.

e) Fußbodenglätte

Durch die Holzstäube und insgesamt ist der Fußboden sehr oft zu glatt. Das ist eine erhebliche Unfallgefahr.

Empfohlene Maßnahme

Der Fußboden sollte abgezogen und anschließend **nicht** versiegelt und **nicht** eingelassen werden.

f) Staubsauger und Reinigung der Räume

Es fehlt häufig ein richtiger Staubsauger bzw. der vorhandene Staubsauger ist zu oft ungeeignet für die Holzstäube.

Empfohlene Maßnahme

Zum Staubsaugen ist ein Staubsauger mit der Filterklasse C zu verwenden.
Möglicherweise kann ein vorhandener Staubsauger umgerüstet werden. In einem solchen Fall würde übergangsweise die Filterklasse S ausreichen.

g) Sicherheitskennzeichnung

Empfohlene Maßnahme

Die Holzwerkstatt sollte an der Innenseite der Eingangstür die Sicherheitskennzeichnung, das Gebotszeichen, haben: *"Atemschutz tragen"*.
Vgl.: GUV-V A8, S.31, Durchmesser mind. 20 cm bei Erkennungsweite bis 5 m und mind. 40 cm bei Erkennungsweite bis 16 m.

h) Umgang/Entsorgung

Empfohlene Maßnahme

Schüler, Lehrer und das Reinigungspersonal müssen durch den Fachlehrer über die Gefahren der Holzstäube für Mensch und Umwelt durch eine Unterweisung und Betriebsanweisung informiert werden. Teile einer Unterweisung können z.B. sein: *Besen sollen zum Fegen von*

Holzstäuben **nicht** *benutzt werden. Holzstäube dürfen nicht in die Raumluft gepustet werden.* Betriebsanweisung "Holzstaub" befindet sich in der Anlage.
Holzstäube sind der Müllabfuhr als Sondermüll zum Verbrennen zu übergeben.
Vgl.: <u>GUV-SR 2003</u>, 3.2.2 und 5.2

i) **Werkraumordnung**
Um in Werkräumen für die Schüler Verhaltensweisen deutlich zu beschreiben, gibt es eine so genannte Werkraumordnung. Die Werkraumordnung ist aus fester Pappe und zum Aufhängen an der Wand geeignet. Eine solche Werkraumordnung fehlt hier. Grundsätzlich gehört sie jedoch in jede Werkstatt.

Empfohlene Maßnahme
Die Landesunfallkasse, Hamburg, bzw. die Unfallkassen der Länder bieten unter der Bestellnummer GUV 30.30 die kostenlose Übersendung solcher Werkraumordnung an. Sie hat die Maße: ca. 30 cm x 42 cm.
Aushänge in der Größe DIN A 2 gibt es unter folgenden GUV-Nr.n:

GUV-I 720	Tisch- und Format-Kreissägemaschinen
GUV-I 724	Abricht-Hobelmaschinen
GUV-I 722	Tisch-Bandsäge-Maschinen
GUV-I 721	Tisch-Fräsmaschinen
GUV-I 8549	Aufkleber für Maschinen (Schutzalterhinweis)

Kopierer im Sekretariat

Im Raum der Sekretärin steht häufig ein Kopierer, der dauernd benutzt werden muss. Dadurch entsteht eine erhebliche Unruhe. Der Grundsatz, Kopierer nicht in Arbeitsräumen sondern nur in gut belüfteten Nebenräumen aufzustellen, wird hier nicht eingehalten.

Empfohlene Maßnahme
Der Kopierer sollte aus dem Raum entfernt und woanders aufgestellt werden. Dabei handelt es sich nicht nur um ein organisatorisches Problem. Der Arbeitsbereich der Sekretärin sollte unbedingt freigehalten werden von allen vermeidbaren Situationen, die zu Stress führen können. Dazu gehört auch die dauernde Benutzung des Kopierers. Stress ist immer die Folge von Überlastung. Kopierer sollen nicht in Arbeitsräumen sondern nur in gut belüfteten Nebenräumen aufgestellt werden.
Vgl.: <u>ArbSchG</u>, § 5

Küchen (Lehrküchen) als Nassbereich, Gefahr durch "frittieren" auf der Herdplatte in einer Schulkantine oder der Küche und Fettabscheider in Ganztagsschulen, "Hort in der Schule" und "Pädagogischer Mittagstisch"

---

a) Küche (Lehrküche) als Nassbereich
Die Küche (Lehrküche) ist immer dann ein so genannter Nassbereich, wenn dieser Arbeitsplatz so hergerichtet ist, dass der Fußboden mit einem Wasserstrahl aus einem Schlauch gereinigt werden kann. Sämtliche Steckdosen in der Küche müssen dann der Vorschrift, spritzwassergeschützt, entsprechen. Das wird zu häufig nicht eingehalten. Der .Arbeitsbereich als Nassbereich ist z.B. daran zu erkennen, dass sich ein so genannte Schlauchanschluss an einem oder mehreren Wasserhähnen befindet. Es besteht dann die Möglichkeit, unmittelbar an die Wasserhähne Schläuche bzw. Handduschen **mit** erheblichem Spritzwasserbereich anzuschließen. Ein Nassbereich ist auch immer dann zu vermuten, wenn die Küchenwände und der Fußboden für die Reinigung mit fließendem Wasser gefliest sind und sich ein Abfluss im Fußboden befindet.
Oft befindet sich direkt neben dem Ausguss in Höhe des Wasserhahnes eine elektrische Steckdose. Die sollte unter den gegebenen Umständen grundsätzlich entfernt werden. Sie befindet sich zu dicht am Waschbecken.
Empfohlene Maßnahme
Alle elektrischen Anlagen, z.B. sämtliche Steckdosen und elektrischen Geräte, müssen spritzwassergeschützt ausgeführt werden. Schutzart: IP X4 nach DIN-EN 40 050. Steckdosen am Ausguss sollten sich außerhalb des Gefahrenbereiches von 1,6 m befinden. Dieser Abstand wird vom Wasserhahn nur nach links, rechts und oben gemessen.
Vgl.: DIN-EN /VDE 0100, Teil 737, 4.2 sowie VDE 0100, Teil 701, 5.3.1
b) Gefahr durch "frittieren " auf der Herdplatte in einer Schulkantine oder der Küche.
Es kommt immer wieder vor, dass Speiseöl, z.B. Pflanzenfett, Sonnenblumen- oder Olivenöl in einem Kochtopf auf der Herdplatte erhitzt wird. Dadurch kann eine nicht mehr zu kontrollierende Hitze in der Flüssigkeit entstehen. Die kleinste Menge nachgeschütteten kalten Fettes, das Hineinhalten des Gargutes oder im schlimmsten Fall das Hineinschütten von Wasser, kann eine schlagartige Explosion der erhitzten Flüssigkeit zur Folge haben. Schwerste Verbrennungen bzw. Verbrühungen der sich in der Nähe aufhaltenden Personen können dann die Folge sein.
Empfohlene Maßnahme
Beim Erhitzen von Speisefett **soll** von Anfang an eine große, rohe Kartoffel in das kalte Fett gelegt werden.

Das Erhitzen von Fett auf einer Herdplatte, um zu "frittieren", ist grundsätzlich zu verbieten. Möglicherweise soll auf eine Gaskartusche oder einen Spiritusbrenner ausgewichen werden. Auch diese beiden Wärmequellen sind in Schulen, wegen anderer erheblicher Gefahrenquellen, grundsätzlich zu verbieten.

Heißes Fett darf niemals mit Wasser gelöscht werden!!

Vgl.: <u>GUV-V A1</u>, § 4.

c) Fettabscheider in Ganztagsschulen, " Hort in der Schule " und" Pädagogischer Mittagstisch

Das Amt für Technischen Umweltschutz in Hamburg hat mit seinem Schreiben vom 27. Okt. 1992 folgende Stellungnahme abgegeben: *Gemäß DIN-EN 1986 (Entwässerungsanlagen für Gebäude und Grundstücke) Teil 1 Abschnitt 8.7.1 sind in Betrieben, in denen fetthaltiges Abwasser anfällt, Fettabscheider nach DIN-EN 4040 einzubauen. Dies gilt unter anderem für Küchenbetriebe, Verpflegungsstätten und Essenausgabestellen. Die Erfahrungen haben jedoch gezeigt, dass bei Essenausgabestellen, bei denen keine eigene Essenzubereitung erfolgt, z.B. durch eine Großküche angeliefert wird und denen die Essenreste sorgfältig anderweitig entsorgt werden, ein Fettabscheideranlage erst bei einer Ausgabe von mehr als 50 Essen pro Tag sinnvoll und erforderlich ist.*

Empfohlene Maßnahme

Solange die Essensausgabe unter 50 Essen pro Tag liegt und die Essenreste sorgfältig anderweitig entsorgt werden, ist ein Fettabscheider nicht erforderlich. Erst bei einer Ausgabe von mehr als 50 Essen pro Tag ist ein Fettabscheider in der Entwässerungsanlage sinnvoll und erforderlich.

Lärm in der Werkstatt und z.B. im Musikunterricht

Häufig ist ein Gehörschutz in auffälligen Lärmbereichen nicht vorhanden. In der Werkstatt sollten dann zunächst Schallpegelmessungen in 1 m Entfernung z.B. an der Tischkreissäge vorgenommen werden. Dabei sind Werte über 85 dB (A) zu hoch. Da der Kopf des Fachlehrers sich beim Arbeiten dem Sägeblatt nähert, ist der Lärm dort vermutlich höher. Die Unfallverhütungsvorschrift, Lärm, beschreibt, dass bei Erreichen oder Überschreiten eines Beurteilungspegels von 85 dB (A) **persönliche Gehörschutzmittel** zur Verfügung zu stellen und zu benutzen sind. Leider sind Gehörschutzmittel, welche zu viel dB(A) wegfiltern, nicht immer für alle Arbeitsbereiche geeignet. Beim Gehörschutz muss oft das "Rundherumhören" erhalten bleiben, weil ein akustisches "Beobachten" unterschiedlicher Bereiche gewährleistet sein muss. Solche, dafür geeigneten Gehörschutzmittel, filtern "linear". Diese Arbeitsbereiche sind nicht nur in der **Werkstatt** zu finden sondern ebenfalls im **Musikunterricht** typisch.

Die Unfallverhütungsvorschrift, Arbeitsmedizinische Vorsorge, verlangt in Lärmbereichen immer eine Überwachung des Gesundheitszustandes der Betroffenen.

Empfohlene Maßnahme

Es sollte ein geeignetes Gehörschutzmittel als persönliche Schutzausrüstung für jeden namentlich zu benennenden Lehrer vorgesehen werden. Dafür sind z.B. die Produkte der Fa. Hearsafe, Köln, geeignet. Hier kann eine geeignete Auswahl vorgeschlagen werden. Geeignet sind z.B. die Produkte:

Ultra-Tech, mittlere Dämpfung, 21 dB, ER-15dB/25dB, maßgefertigter Gehörschutz mit linearer Dämpfung, und

Musik-Safe, mittlere Dämpfung 17 dB.

Für die Betroffenen wird eine Vorsorgeuntersuchung, z.B. beim **A**rbeits**m**edizinischen **D**ienst (**AMD**), Hamburg, bzw. bei dem zuständigen Betriebsarzt empfohlen. Die Anmeldung erfolgt üblicherweise über die Personalabteilung.

Grundsätzlich sollten jedoch Maschinen beschafft werden, die dem "Stand der Technik" entsprechen. Solche Maschinen erzeugen keinen *Lärm* mehr.

Vgl.: GUV-V B3, § 9, § 10 (1) und (2) sowie GUV-V A4, § 2 (1) 1 und daraus die "Anlage 1".

Lichtschalter im Schulgebäude

Häufig sind die Lichtschalter nicht überall dort, wo es erforderlich ist, selbstleuchtend. Selbstleuchtende Lichtschalter sind z.B. dann *nicht* erforderlich, wenn die Beleuchtung zentral geschaltet wird. Sie sind ebenfalls *nicht* erforderlich, wenn eine Orientierungsbeleuchtung vorhanden ist. Bei Dunkelheit jedoch sind Unfälle zu befürchten. Davor können selbstleuchtende Lichtschalter bewahren.

Empfohlene Maßnahme

•   Alle Lichtschalter für nicht zentral bediente Beleuchtung sind selbstleuchtend auszuführen.

•   Alle Lichtschalter in Räumen und Fluren mit besonderer Dunkelheit, z.B., weil keine Fenster vorhanden sind bzw. eine dauernde Orientierungsbeleuchtung fehlt, sind selbstleuchtend auszuführen. Hier sollte eine Dauerbeleuchtung vorgesehen sein.

Vgl.: GUV-V A1, § 3.

50

Mutterschutz im Schulbereich

Das Mutterschutzgesetz gilt für alle Frauen, auch für Teilzeitbeschäftigte, die in einem Arbeitsverhältnis stehen.
Neben diesem Gesetz sind noch weitere Verordnungen und Technische Regeln zu beachten. Das sind z.B. die
Gefahrstoff-Verordnung und die *Technischen Regeln für Gefahrstoffe*.
Mutterschutzgesetz

	häufiges Heben und Tragen	gelegentl. Heben u. Tragen
schwangere Frauen	5 kg	10 kg

Die Grenzbereiche für das häufige und gelegentliche Heben und Tragen sollten nicht überschritten werden.
Vgl.: Mutterschutzgesetz
Aus der Gefahrstoff-Verordnung:
Der Arbeitgeber darf werdende...Mütter mit sehr giftigen, giftigen, gesundheitsschädlichen Gefahrstoffen nicht beschäftigen...§4 Abs.2 Nr.6 des Mutterschutzgesetzes bleibt unberührt. Schwangere sollten mit Gefahrstoffen und Holzstäuben nur umgehen, wenn durch richtig funktionierende
Abzüge, z.B. in Chemieunterrichtsräumen, bzw. durch „staubgeprüfte/H2"-Holzstaubabsaugungen an Tischkreissägen sichergestellt ist, dass die Grenzwerte der Stoffe bzw. der Holzstaubgrenzwert nicht überschritten werden.
Vgl.: GUV-SR 2003, 3.2.2 sowie 6.1.4 und TRGS 553, 12
Aus den Technischen Regeln für Gefahrstoffe:
Werdende Mütter dürfen mit krebserzeugenden Stoffen und mit fruchtschädigenden Stoffen der Gruppen A und B nicht umgehen. Schwangere dürfen krebserregenden, erbgutverändernden und fortpflanzungsgefährdenden Stoffen nicht ausgesetzt werden.
Vgl.: GUV-SR 2003, 6.1.4
Empfohlene Maßnahme
Die Schulleitung sollte bemüht sein, vorstehende Informationen allen weiblichen Mitarbeiterinnen, Kolleginnen und Bediensteten zur Kenntnis zu geben. Zur Beratung sollte in jedem Fall der Arbeitsmedizinische Dienst, Hamburg, (AMD), bzw. der Betriebsarzt angesprochen werden, s. auch:
• Infektionsgefahren im Kinder- und Jugendbereich, Merkblatt
• Mutterschutz, Merkblatt
• Röteln., Merkblatt

Not-Aus-Schalter an Maschinen und am Maschinenraumausgang

a) An Maschinen
Im Maschinenraum bzw. in der Werkstatt können sich Maschinen mit
Gefahr bringenden Bewegungen befinden. Sie sind häufig ohne Not-Aus-
Schalter. Das darf nicht sein. Zu den Maschinen können z.B.:
Tischkreissäge, Bohrmaschinen, Dickenhobler, Bandsäge und Abrichter
gehören
Empfohlene Maßnahme
Die Maschinen sollten mit Pilzkopfschaltern als Not-Aus-Schaltern
ausgerüstet werden.
b) An den Ausgangstüren
An den Maschinenraum- bzw. Werkstattausgangstüren fehlen zu häufig
die Not-Aus-Schalter. Sie ermöglichen die Abschaltung („schnell
erreichbar") in Verkettung aller Maschinen oder einzelner Maschinen mit
Gefahr bringenden Bewegungen, im Gefahrfall.
Empfohlene Maßnahme
In der Nähe jeden Ausganges sollte schnell erreichbar ein Not-Aus-
Schalter in Verkettung aller Maschinen mit *Gefahr bringenden*
Bewegungen vorgesehen sein. Diese Not-Aus-Schalter dürfen keine
Sicherheitseinrichtungen, z. B. elektrisches Abbremsen eines
Sägeblattes, außer Betrieb setzen können.
c) Unterspannungsauslöser
Mit der Montage von Not-Aus-Schaltern bzw. der Überprüfung ihrer
richtigen Funktion an Maschinen mit *Gefahr bringenden* Bewegungen
sind Unterspannungsauslöser vorzusehen. Die sind oft nicht vorhanden.
Sie verhindern den versehentlichen Wiederanlauf, das Wiedereinschalten
von Maschinen nach einer Not-Aus-Schaltung.
Empfohlene Maßnahme
Die Not-Aus-Schalter sind fachmännisch auf das Vorhandensein von
Unterspannungsauslösern zu überprüfen, bzw. deren Einbau ist
durchzuführen.
Vgl.: GUV-V A1, §§ 16 u. 17

Notruftelefon für gefährliche und isolierte Bereiche

Etliche gefährliche und isolierte Bereiche in der Schule sind häufig ohne
den notwendigen Anschluss an eine öffentliche Notrufzentrale oder an
eine während der Arbeitszeit ständig besetzte Meldestelle. In diesen
Bereichen können kurzzeitig und längerfristig, über Stunden,
Einzelarbeitsplätze mit erhöhter Unfallgefahr entstehen. Es fehlen oft die
Meldeeinrichtungen, um "...unverzüglich die notwendige Hilfe

herbeirufen und diese an den Einsatzort leiten zu können". Zu solchen Bereichen gehören z.B.:

Arzt-, Sanitäts- bzw. Krankenzimmer, Schulkindergarten/Vorschule, naturwissenschaftliche Räume, Küchen, Sporthallen, andere Gebäude, Werkstätten und Maschinenräume.

Empfohlene Maßnahme

• Es sind die erforderlichen Notruftelefone zu installieren.

• Die Notruftelefone sollen die Verbindung zu einer ständig besetzten Stelle im Verwaltungsgebäude **und** die zur öffentlichen Notrufzentrale herstellen können.

Vgl.: „Grundsätze der Prävention", GUV-V A1, § 25 (1), VwHbSch 04.02.01 und TR-Schulen, 13.5

Offset-Druckmaschine

Sollte eine Offset-Druckmaschine vorhanden sein, wird diese häufig noch mit Kleinstoffreiniger gereinigt. Es handelt sich dabei um ein entzündliches Walzenwaschmittel. Produkte dieser Art werden chemisch häufig charakterisiert als "...aromatischer Kohlenwasserstoff". Das ist ein Gefahrstoff, der gesundheits-schädlich sein kann. Die persönlichen Schutzmaßnahmen, wie Augenschutz und Handschutz, werden kaum durchgeführt, die technischen Forderungen nach guter Entlüftung (Abluft ins Freie) können zu oft nicht eingehalten werden. Der Handel bietet inzwischen ungefährliche Ersatzstoffe an. Diese Ersatzstoffe müssen jedoch richtig angewandt werden. Eine Einführung durch den Händler ist deshalb unerlässlich.

Empfohlene Maßnahme

Ersatzstoffe können nur bei Maschinen oder Teilen von Maschinen verwendet werden, deren Reinigung von Hand erfolgt. Das ist hier zu prüfen. Bei automatischen Walzenwaschanlagen, wo der Reiniger "mitläuft", ist der Ersatzstoff derzeit nicht einzusetzen. Eine solche Maschine sollte nur noch sehr selten oder gar nicht mehr benutzt werden. Es ist für gute Frischluftzufuhr zu sorgen.

Leicht entzündliche Flüssigkeiten (max. 5 Liter A II- oder 1 Liter A I-Produkte)sind im schwerkraftentlüfteten Schrank aufzubewahren. Das Umfüllen sollte nur unter einem Abzug erfolgen.

Vgl.: GUV-SR 2003, 6.3.11 und 6.3.12 sowie GUV-SR 2003, 5

Papier- bzw. Papp-Schneidemaschine

Die Papier-Schneidemaschine ist in zu vielen Schulen noch ohne Messerschutz (Handschutz). Der Handhebel mit dem Schneidemesser sinkt in geöffneter Stellung nach unten. Papier-Schneidemaschinen müssen so gesichert sein, dass das bewegliche Messer in jeder Stellung hält; es darf nicht herunterfallen. Diese Maschine entspricht nicht den Vorschriften. Viele Unfallanzeigen bestätigen die Gefahr durch den fehlenden Messerschutz.
Empfohlene Maßnahme
Die Papier-Schneidemaschine sollte ausgemustert und durch eine neue ersetzt werden. Dies wird damit begründet, dass der Handschutz fehlt und die eigentliche Forderung, nämlich: *"...Papier-Schneidemaschinen ... das bewegliche Messer in jeder Stellung hält;"* nicht erfüllt ist. Ein Umrüsten der Maschinen kann praktisch nicht vorgenommen werden. Die Papier-Schneidemaschine ist bei Nichtbenutzung stets durch ein Schloss zu sichern.
Vgl.: GUV-V A1, § 3/4.

PCB-haltige Kondensatoren in den Deckenlampen

Es befinden sehr oft noch PCB-haltige Kondensatoren in den Lampen. Solche Kondensatoren können platzen. Sie geben dann das Gift, PCB, an die Umwelt ab.
Empfohlene Maßnahme
Die PCB-haltigen Kondensatoren sollen vorrangig ausgetauscht werden. Das ist möglicherweise an vielen Schulen noch nicht durchgeführt worden.
Vgl.: Arbeitsschutzgesetz, § 5.

Radierungen im Bereich Kunst

Häufig besteht in der Schule Interesse daran, Radierungen mit gefahrstofffreien Mitteln durchzuführen. Radierungen sollen dann ohne Ätzen und Reinigen mit gefährlichen Stoffen erstellt werden können. Es sollten dabei die bis dahin verwendeten gefährlichen Stoffe durch weniger gefährliche ersetzt werden.
Empfohlene Maßnahme
Der interessierte Lehrer oder die interessierte Lehrerin sollte sich mit entsprechender Literatur versorgen. Z.B. geben Fachverlage in besonderen *Bibliotheken der Gestaltungstechniken* entsprechende Werke heraus. Dort werden gefahrstofffreie Techniken beschrieben.

Mit dem Umstellen der Technik sollte auf die bisherige Verwendung von Terpentinersatz oder ähnlichen, leicht entzündlichen Gefahrstoffen völlig verzichtet werden können.
Vgl.: GUV-V A1, § 3/4

Rauchabzugseinrichtungen

Treppenräume so genannter "notwendiger" Treppen, die durch mehr als zwei Vollgeschosse führen, sowie alle innenliegenden Treppenräume müssen fast ausnahmslos an ihrer obersten Stelle eine Rauchabzugseinrichtung mit einer Öffnung von wenigstens 1,0 m²; haben. Diese Rauchabzugseinrichtung fehlt hier oft. Es handelt sich hierbei um "...Sicherheitseinrichtungen zur ... Beseitigung von Gefahren...." Sie müssen regelmäßig überprüft werden. Darüber ist ein schriftlicher Nachweis, ein so genanntes Prüfbuch, zu führen. Das kann häufig nicht eingesehen werden.

Empfohlene Maßnahme
Die fehlende Rauchabzugseinrichtung ist herzustellen.
Die Rauchabzugseinrichtungen müssen mindestens alle 3 Jahre geprüft werden. Darüber ist ein schriftlicher Nachweis, ein Prüfbuch, zu führen.
Vgl.: GUV-V A1, § 3/4

Raumtemperaturen

Es wird häufig darüber geklagt, dass die Raumtemperaturen morgens und über lange Zeit den Wert von 16°C bzw. 17°C nicht überschreiten. Das darf nicht sein.
z.B. machen die *Technischen Anweisungen der Umweltbehörde, Hamburg, Energiewirtschaft,* eine verbindliche Angabe zu Raumtemperaturen, wie sie zu Unterrichtsbeginn vorherrschen sollen:

Zulässige Grenzwerte:	
Unterrichtsräume aller Art	= 20°C,
Turnhalle	= 17°C,
Verwaltungsräume	= 20°C
Wasch- und Umkleideräume	= 22°C
Werkstätten	= 12 ° - 15 °

Empfohlene Maßnahme
Die Raumtemperaturen sollten zu Unterrichtsbeginn herrschen.
An hochsommerlichen Tagen und bei Heizungsreparaturarbeiten sind erhebliche Abweichungen möglich bzw. unvermeidbar. Im Winter sollten

die Grenzwerte nicht unterschritten werden. *Z.B. gehören in allgemein bildenden Schulen die Werkräume zu den 'Unterrichtsräumen aller Art'.* Grenzwerte in Werkstätten, z.B. an Berufsschulen, sind unter Berücksichtigung der Arbeitsverfahren und der körperlichen Beanspruchung zu verstehen.
Vgl.:   ArbStättV §6 sowie Technische Anweisungen bzw. Verordnungen der Länder.

Reinigungsmittel

Es werden möglicherweise leicht- bzw. hochentzündliche Flüssigkeiten wie Terpentin, Terpentinersatz, Verdünner, Nitroverdünner, Brennspiritus, Benzin oder "Löser", z.B. aus dem nicht mehr zu verwendenden Umdrucker, zum Reinigen von Tischen, Stühlen, Wänden usw. verwandt. Das darf unter keinen Umständen erfolgen. Ein Unfall in einer Schule hat gezeigt, dass sich dabei sogar eine Verpuffung mit schwersten Verletzungen von Schülern ereignen kann.
Empfohlene Maßnahme
Für Reinigungszwecke dürfen keinerlei brennbare Flüssigkeiten verwendet werden.
Vgl.:   GUV-V A1, § 3/4.

Rettungsweg- und Brandschutzzeichen in allen Gebäuden

Im ganzen Gebäude fehlt häufig eine ausreichende Anzahl von Rettungswegzeichen im Rettungsweg und gültigen Brandschutzzeichen. Bedienstete können im Notfall nicht sicher hinausfinden bzw. die Brandschutzgeräte finden. Die Verkehrssicherungspflicht, als unternehmerische Verantwortung, ist dann nicht eingehalten.
Empfohlene Maßnahme
•   Im ganzen Gebäude sollte eine ausreichende Anzahl von Rettungszeichen im Rettungsweg und gültigen Brandschutzzeichen angebracht werden.
•   Das ganze Gebäude sollte mit langnachleuchtenden Rettungs- und Brandschutzzeichen ausgerüstet werden, und die vor dem 1.4.95 angebrachten nicht langnachleuchtenden Zeichen waren bis zum 1.4.2002 gegen langnachleuchtende auszutauschen.
•   Um ein Nachleuchten zu bewirken, sollte in sonst dunklen Gängen, Fluren und anderen Bereichen eine Dauerbeleuchtung während der Betriebszeit vorgesehen werden.
Vgl.:   GUV-V A1, §§ 3 u.4 und GUV-V A8, § 10 sowie Anlage 2, Pkt. 4 u. 5

Rettungsweg-, Brandschutz- und Erste-Hilfezeichen (Auswahl)

*) Erste-Hilfe-Zeichen, Vgl.: BGV A8

Bild E03 Erste Hilfe	Bild E04: Kranken-trage	Bild E 02 Richtungsangabe für Erste-Hilfe-Einrichtungen	Bild E 07 Notruftelefon

**) Brandschutzzeichen, Vgl.: BGV A8

Bild F 01 Rich-tungs-angabe	Bild F 03 Lösch-schlauch	Bild F 05 Feuer-lösch-gerät	Bild F06 Brand-melder	Bild F07 Einrich-tungen zur Brand-bekäm-pfung

***) Rettungswegzeichen, Vgl.: BGV A8

Bild E 13 Rettungs-weg	Bild (ohne Nr.:) Rettungs-weg für Behinderte	Bild E 11 Sammel-stelle	Bild E16 Notausgang

*) Erste-Hilfe-Zeichen
Dieser Richtungspfeil ist nur in Verbindung mit einem weiteren Rettungszeichen für Erste-Hilfe-Einrichtungen zu verwenden. Schildergrößen: a x a = 200 x 200 mm. Ausführung: selbstklebend, Schilder grün, Zeichen langnachleuchtend weiß.

**) Brandschutzzeichen
Dieser Richtungspfeil ist nur in Verbindung mit einem anderen Brandschutzzeichen zu verwenden. Schildergrößen: a x a= 200 x 200 mm. Ausführung: selbstklebend, Schilder rot, Zeichen langnachleuchtend weiß.

***) Rettungswegzeichen
Auf den Rettungswegzeichen darf der Richtungspfeil außerdem zum oberen bzw. unteren Eckpunkt der abgebildeten Türöffnung zeigen, um den Verlauf des Rettungsweges zu kennzeichnen, z.B. Treppe. Schildergrößen: a x b = 200 x 400 mm und a x a = 200 x 200 mm. Ausführung: selbstklebend, Schilder grün, Zeichen langnachleuchtend weiß.

(NW) Druckgasflaschen (Warnzeichen)

Warnzeichen W 19 "Warnung vor Gasflaschen"
Vgl.: BGV A8

Rettungs- und Verkehrswege im gesamten schulischen Bereich

Die Rettungswege und Verkehrswege werden häufig durch Tische,
Schränke, Gegenstände und Unterrichten im Flur stark eingeengt. Das
darf nicht sein. Verkehrswege und besonders Rettungswege müssen
freigehalten werden. Rettungswege sind im Notfall lebenswichtig. Sie
sollten mit größter Sorgfalt regelmäßig überprüft werden.
Empfohlene Maßnahme
Die Rettungswege und die Verkehrswege sind völlig frei zu halten.
Vgl.: ArbStättV und ArbStättR.

Rettungswegtüren im Rettungsweg und verstellte Türen im Verkehrsweg

a) Türen im Rettungsweg
Rettungswegtüren im Rettungsweg entsprechen sehr oft nicht den
Vorschriften und sie werden, entgegen der Vorschrift, zu oft während
des Betriebes abgeschlossen bzw. verriegelt oder sie öffnen entgegen
der Fluchtrichtung. Das ist verboten. *Fachräume für
Werken/Technikunterricht und vergleichbar ausgestattete
Räume, z.B. Küchen, sind Räume, mit erhöhter Brandgefahr. Sie
müssen mindestens zwei günstig gelegene Ausgänge haben.
Diese Türen müssen in Fluchtrichtung aufschlagen und jederzeit
von innen ohne Hilfsmittel zu öffnen sein, auch wenn von außen
abgeschlossen ist.* Panikschlösser oder Panikriegel an Rettungstüren
sichern den Rettungsweg ohne weiteres, ohne Schlüssel. Panikriegel an
Rettungstüren dürfen *nicht* senkrecht zum Türblatt bewegt werden. Das
ist aber häufig der Fall und stellt eine erhebliche Gefahrenquelle dar.
Empfohlene Maßnahme
Rettungswegtüren müssen in Fluchtrichtung öffnen. Rettungswegtüren
ins Freie sind mit richtigen Panikbeschlägen zu versehen. Hebel für
Panikriegel müssen seitlich drehbar oder als Wippe ausgebildet sein.
Panikhebel mit einer senkrechten Bewegungsrichtung zur Tür sind gegen
solche mit einer seitlichen Drehbewegung auszutauschen. Panikriegel
dürfen nicht durch ein zusätzliches Sicherheitsschloss ihre Funktion
verlieren.
Vgl.: ArbStättR § 10(7) und GUV-SR 2001, 4.2.5.4

b) **Verstellte Türen im Verkehrsweg**

In der Schule sind häufig Türen verstellt. Türen sind immer Einrichtungen, die grundsätzlich Verkehrswege öffnen, Rettungswege sichern oder so genannte gefangene Räume verhindern. Türen zu Unterrichtsräumen in Schulen müssen eine lichte Durchgangshöhe von 2,1m und sonstige Türen eine lichte Durchgangshöhe von wenigstens 2,0 m haben. Verkehrs- und Rettungswege dürfen nicht verstellt werden. Eine, die Tür von außen oder von innen öffnen wollende Person, darf nicht auf ungeahnte Schwierigkeiten stoßen.

Empfohlene Maßnahme

Türen müssen die richtige Durchgangshöhe aufweisen. Verkehrswege müssen freigehalten werden. Alle verstellten Türen sind von beiden Seiten frei und zugänglich zu halten.

Vgl.: ArbStättV, § 52 und ArbStättR § 10/1

Schultafeln in der Schule, Smart Board

Mindestens einmal jährlich muss durch die Schulleitung eine Sicherheitsüberprüfung sämtlicher Schultafelbefestigungen, insbesondere die der Wandtafeln stattfinden. Diese Überprüfung ist durch "vorgebildete Handwerker bzw. Hausmeister" durchzuführen. Das muss sichergestellt sein.

Empfohlene Maßnahme

Die Prüfung der Tafeln sollte mindestens einmal jährlich durch den Hausmeister erfolgen. Als Prüfanweisung sollten die Sicherheitsregeln der Landesunfallkasse gelten.

Vgl.: GUV-V S1, § 11 (3), GUV-SI 8016 "Sichere Schultafeln".

Die Verwendung von **Smart Board** Systemen mit Bildschirm und/oder Projektionsflächen gehören nicht zu den üblichen Schultafeln. Sie sind gem. Herstelleranweisung zu warten.

Schutzkleidungsverzeichnis

Nr.:	Personengruppe/Art der Beschäftigung	Pers. Schutzkleidung *)	Anzahl/ Person
1	Lehrer, Laboranten, Assistenten, Schülerinnen und Schüler , Studenten im naturwissenschaftlichen Bereich an Schulen sowie in Laboratorien an Hochschulen bei Arbeiten bzw. dem Umgang mit zerbrechlichem Glas, Dampf, Gasen, Gefahrstoffen, Laugen, Säuren. *Kittel* ohne Rückengurt. *Schutzhandschuhe* gem. DIN-EN 4841, Tabelle 3, C, „Dichtheit gegen Durchdringen chemischer Substanzen" sowie Tabelle 3, M, „für normale mechanische Beanspruchung", z.B. als Schutz gegen Glasbruch beim Abwaschen von Gläsern!! *Atemschutzhalbmaske* mit Filter, FF P 3 SL, und z.B. A 1, B 1 sowie Wattevorfilter, gegen feste und flüssige Partikel von giftigen und sehr giftigen Stoffen, gem. GUV-R 190. Wenn Schutzkleidung aus schwer entflammbaren Material getragen werden muss, ist es notwendig, dass die unter der Schutzkleidung getragene Kleidung aus nicht aufschmelzenden Textilien besteht. <u>Vgl.:</u> GUV-R 189 und GUV-SR 2005, 8.5.	Schutzmantel (Kittel), gem. GUV-R 189, DIN-EN 32772	2 Stück
		Schutzhandschuhe gem. GUV-R 195,	
		Schutzbrille, Antibeschlag, gem. GUV-R 192 Kennz. X DIN-EN 3	1 Paar
		Bei begründetem Bedarf: Schutzhandschuhe gegen Kontaktwärme, gem. GUV-R 195, DIN-EN 4841, KW	1 Stück
		Bei begründetem Bedarf: Atemschutzhalbmaske	1 Paar
			1 Maske mit Ersatzfiltern Rücksprach e mit dem Betriebsarzt ist erforderlich !
		Bei begründetem Bedarf: Gummischürze gem. GUV-R 189	
			1 Stück

2	Arbeiten an Holzsägemaschinen (entsprechende Berufsausbildung oder der sogenannte „Maschinenschein" erforderlich).	Atemschutz-Halbmaske mit Filter: FFP 2. Darauf kann nur verzichtet werden, wenn die Holzsägemaschine **und** die Staubab-saugung der Maschine jeweils das Zeichen haben: „staub-geprüft/H2") gem. TRGS 553.	Mindestens 2 Stück, Einweg-produkt der Industrie
3	Sozialpädagogen und pädagogische Unter-richtshilfen, Erzieherinnen, Erzieher, Krankengymnasten, Studenten, Beschäftigungsthera-peuten, Kinderpflegerinnen, die an Sonderschulen z.B. Mehrfach- und Schwerst-behinderte betreuen bzw. im Bad, der Therapie tätig sind. Die Auswahl der pers. Schutzkleidung sollte durch den Benutzer, an Hand von Katalogen und gem. DIN-EN erfolgen.	2-teilige Baum-wollkombination: Jacke/ Hose und/oder Kittel, weiß, GUV-R 189	2 Stück
		Schuhe im Nassbereich, gem. GUV-R 191, Tab. S.2, Form nach Auswahl.	1 Paar
		Einweghandschuhe (kein Latex/kein PVC)	Großpackung
4	Hauswirtschaftliche Betriebsleiterinnen und Betriebsleiter und hauswirtschaftliche Lehrkräfte. Die Auswahl der pers. Schutzkleidung sollte im Normalfall berufsgruppen-bezogen durch die Betriebsleitung bzw. die Lehrkräfte an Hand von Fachkatalogen und gem. GUV/DIN-EN erfolgen.	Schutzhandschuhe, gem. GUV-R 195, DIN-EN 4841, MA und KW)	1 Paar 1 Paar
		Schutzschuhe, gem. GUV-R 191, Schuh S 2	2 Stück
		Schürze/ Vorbinder/ Vorstecker, Kittel kurz/ Kochmütze/ Hose, alles gem. GUV-R 111,5.1 u. GUV-R 189	2 Stück 1 Paar

	Die Form von Schutzschuhen erfolgt nach Auswahl des Benutzers.	Stechschürzen fünffingrige Metallringflechthandschuhe gem. GUV-R 111 bzw. ZH 1/37, 5.5 und GUV-R 189.	
5	Bei Arbeiten, z.B. im Agrarbereich im Freien, in der Floristik und in Schmutzbereichen.	Schutzkittel, ohne DIN-EN	2 Stück
	Lehrer/ Laboranten/ Assistenten/ Studenten im Agrarbereich, z.B. beim Umgang mit Gefahrstoffen, giftigen Pflanzenschutzmitteln (der Umgang mit *sehr giftigen* Stoffen ist verboten! s. UVV 4.5, §1(2) der LBG. Die Auswahl der pers. Schutzkleidung sollte durch den Benutzer, an Hand von Katalogen und gem. UVV/GBG/ DIN-EN erfolgen.	*Bei begründetem Bedarf:* Körperschutzanzug/ Augenschutz/ Handschutz/ Kopfschutz/ Fußschutz/ Atemschutz. Alles gem. Unfallverhütungsvorschrift der GBG 11, Pkt. 8 u.GBG 21 Gartenbau-BG.	Körperschutzanzug: 2 Stück, sonst von allem 1 Stück bzw. 1 Paar. Es sollte eine Beratung erfolgen.
6	Bei Farbspritzarbeiten, z.B. in der Farbspritzkabine. Die Auswahl der pers. Schutzkleidung und z.B. der Filter für den Atemschutz sollte durch den Benutzer und gem. GUV-V D15, 5.12 erfolgen.	Atemschutz/ Kopfschutz/ Griffsichere Schutzhandschuhe/ gleitsichere Stiefel/ Augen- oder Gesichtsschutz. Schutzanzug.	1 Stück/ 1 Paar. Es sollte Beratung durch eine Fachkraft erfolgen. jeweils 2 Stück.

7	Lehrer, Werkmeister, Betriebshelfer, Studenten bei Schweißarbeiten verschiedener Verfahren. Die Auswahl der pers. Schutzkleidung sollte durch den Benutzer, an Hand von Katalogen und gem. GUV/DIN-EN erfolgen.	Zuordnung pers. Schutzausrüstungen zum angewandten Schweißverfahren. S. GUV-V D1, § 27, Tab. 3:	Evtl. sollte eine Beratung erfolgen.
		Schutzschild,	1 Stck. mit Er-satzglas
		Schutzbrille	
		Lederschürze,	1 Stück
		Schweißer-schutzhand-schuhe, DIN-EN 4841,Teil 4	1 Stück
			1 Paar
8	Waren-, Paketannahme und Versandstellen mit häufigem Umschichten.	Schutzkittel ohne DIN-EN	2 Stück
9	LKW-Fahrer, bei Bedarf, z.B. zum Be- und Entladen und bei Kfz-Arbeiten in der Werkstatt.	Maschinen-schutzanzug oder Kittel, GUV-R 189. DIN-EN 32765.	2 Stück GUV-R 189
	Bei manueller LKW- und PKW-Wagenwäsche in der Werkstatt	Gummistiefel UV-R 191	1 Paar
		Schuhe S2, Form SH	1 Paar
10	Lagerarbeiter.	Schutzkittel ohne DIN-EN	2 Stück
		Schutzhandschuhe GUV-R 195, DIN-EN 4841, MA	1 Paar
11	LKW-Fahrer und ständige Beifahrer	Schutzkittel ohne DIN-EN	2 Stück
12	Arbeiten mit Gefahr von Augenverletzungen durch Splitter, Späne, Scherben, z.B. in der Werkstatt	Schutzbrille, Antibeschlag GUV-R 192, 5.2.1 Kennz. X DIN-EN 3	1 Stück

13	Arbeiten bei Gefahr von Fußverletzungen, z.B. Handhaben von schweren Eisen-, Holz und anderen Teilen und z.B. bei Schweiß-arbeiten verschiedener Verfahren	Schutzschuhe GUV-R 191, mit Zehenschutz-kappe und rutschhemmend er Sohle	1 Paar
14	Arbeiten bei Gefahr von Kopfverletzungen, z.B. im Agrarbetrieb und/oder beim Arbeiten im Freien (Gartenbau).	*Bei begründetem Bedarf:* Schutzhelm gem. GUV-R 193, mech. Beanspruchung.	1 Stück. *Benutzungs-dauer höchstens 5 Jahre*
15	Handarbeiten, z.B. in der Werkstatt mit Gefahr von Handverletzungen. Die Auswahl der pers. Schutzkleidung sollte durch den Benutzer, an Hand von Katalogen und gem. GUV/DIN-EN erfolgen.	Schutzhand-schuhe gem. GUV-R 195, DIN-EN 4841, MA.	1 Paar

*) zu unterscheiden: Damen oder Herrenkleidung
Achtung:
Dieses Verzeichnis *pers. Schutz-* und *Arbeitskleidung (z.B. Laborkittel)* ist dem Stand der Technik angepasst. Es berücksichtigt die derzeit gültigen Unfallverhütungsvorschriften sowie das Arbeitsschutzgesetz. Beschäftigte bei der Arbeit sind Arbeiter, Angestellte, Beamte, (Schüler sind den Arbeitnehmern im Sinne der Gefahrstoffverordnung, §2 (6), gleichgestellt), Studierende, Doktoranden, Stipendiaten und Teilzeitbeschäftigte.
Beschäftigte haben die ihnen zur Verfügung gestellte *persönliche Schutzkleidung* bestimmungsgemäß zu verwenden. Der „Unternehmer" muss sie stellen und in ordnungsgemäßem Zustand halten (reinigen). Als Ersatz während der Zeit der Reinigung ist deshalb jeweils ein zweiter Schutzkittel/ Schutzanzug/ Maschinenschutzanzug/ Schürze usw. pro Person erforderlich. Die Auswahl der pers. Schutzkleidung sollte durch den Benutzer an Hand von Fachkatalogen erfolgen und muss, soweit verlangt, der GUV/DIN-EN entsprechen. Die **Kostenübernahme** der Reinigung und ggf. des Ersatzes von Arbeits- und Schutzkleidung für **Schüler** und **Studierende** ist nach Landesrecht geregelt.

Andere Kleidung, z-B. zum Schutz der Privatkleidung bei der Arbeit, ist keine pers. Schutzkleidung und keine Arbeitskleidung. Arbeitskleidung ist keine Schutzkleidung im Sinne der Vorschriften. Sie braucht nicht sondern sie kann vom Unternehmer gestellt oder bezuschusst werden. Vgl.: GUV-V A1, § 29, GUV-V A6/7, Anlage § 6, 1 c), BAT § 66, ArbSchG § 15, (2), Persönliche Schutzausrüstung-Benutzerverordnung, §1 und 2 sowie GUV-SR 2005, 7.5 und 8.5.

Sicherheitsbeauftragte an Schulen

Die Zahl der vom Unternehmer zu bestellenden Sicherheitsbeauftragten wird gemäß SGB VII, § 22 Abs. 1 wie folgt bestimmt:
1. Zahl der Beschäftigten Zahl der Sicherheitsbeauftragten...
c) Für den Bereich der „äußeren Schulangelegenheiten" in allgemein bildenden und berufsbildenden Schulen pro Schule mind. 1...
2. Der Träger der gesetzlichen Unfallversicherung kann bei Vorliegen besonderer betrieblicher Verhältnisse die Zahl der zu bestellenden Sicherheitsbeauftragten unter Berücksichtigung von § 22 Abs. 1 SGB VII entsprechend diesen Verhältnissen abweichend regeln.
Die Sicherheitsbeauftragten haben den Unternehmer bei der Durchführung der Maßnahmen zur Verhütung von Arbeitsunfällen, Berufskrankheiten und arbeitsbedingten Gesundheitsgefahren zu unterstützen, insbesondere sich von dem Vorhandensein und der ordnungsgemäßen Benutzung der vorgeschriebenen Schutzeinrichtungen und persönlichen Schutzausrüstungen zu überzeugen und auf Unfall- und Gesundheitsgefahren für die Versicherten aufmerksam zu machen.
(3) Der Unternehmer hat den Sicherheitsbeauftragten Gelegenheit zu geben, ihre Aufgaben zu erfüllen, insbesondere in ihrem Bereich an den Betriebsbesichtigungen sowie den Untersuchungen von Unfällen und Berufskrankheiten durch die Aufsichtspersonen der Unfallversicherungträger teilzunehmen; den Sicherheitsbeauftragten sind die hierbei erzielten Ergebnisse zur Kenntnis zu geben.

Empfohlene Maßnahme

• An jeder Schule ist der Hausmeister Sicherheitsbeauftrager für die Belange der äußeren Schulangelegenheiten.

• Für jede Schule ist für die Belange der inneren Schulangelegenheiten wenigstens 1 Sicherheits-beauftragter, eine Lehrerin oder ein Lehrer zu bestellen.

• Die Bestellung zum Sicherheitsbeauftragten hat schriftlich zu erfolgen.

• Die oder der bestellte Sicherheitsbeauftragte wird auf nachstehende Informationen für ihre bzw. seine Tätigkeit verwiesen:

Vgl.: SGB VII, § 22 Abs. 1, GUV-SI 8064 (äußerer und innerer
Schulbereich), GUV-I 8543, GUV-I 8519 Gesprächsführung für
Sicherheitsbeauftragte, Merkblatt GUV-I 8503 "Der
Sicherheitsbeauftragte", sowie GUV-I 8542, Meldungen des
Sicherheitsbeauftragten, (Meldeblock).

Bestellung zum Sicherheitsbeauftragten, Formblatt

Sehr geehrte(r) Frau Herr
....
Hiermit bestelle ich Sie nach § 22 SGB VII zum Sicherheitsbeauftragten
für
....
(Name der Verwaltung, des Betriebes und ggf. genaue Bezeichnung des
Bereiches)
Die Bestellung erfolgt unter Mitwirkung des Personalrates
(Betriebsrates).
Ihre Aufgabe wird es sein, mich bei meiner Verpflichtung zur
Durchführung der
Unfallverhütung zu unterstützen. Im einzelnen ergeben sich Ihre
Aufgaben
und Ihre Stellung als Sicherheitsbeauftragter aus dem beigefügten
Merkblatt
GUV-I 8503 Der zuständige Unfallversicherungsträger wird Sie zu
gegebener Zeit
zu einem Unfallverhütungs-Seminar einladen.
....
(Ort Datum) (Unterschrift des Leiters der Verwaltung,
des Betriebes)
Diese Vordrucke für die Bestellung zum Sicherheitsbeauftragten sind
beim zuständigen Unfallversicherungsträger unter der Bestell-Nr. 40.9
kostenlos erhältlich.
Vgl.: GUV-I 8503, Merkblatt und GUV-I 8543.

Sonderschulen, Arbeitsbereich

Sonderschulen stellen eine eigene Schulform dar. Z.B. gehören Blindenschulen und Gehörlosenschulen bzw. Gehörgeschädigtenschulen **nicht** zu den Sonderschulen. Lernbehinderte, geistig sowie geistig und körperlich Behinderte, in vielen Bundesländern auch schwerst- und mehrfachschwerstbehinderte Schülerinnen und Schüler werden in Sonderschulen unterrichtet.

Im Bundesland Hamburg, z.B. wurde mit Hilfe der Landesunfallkasse von der Hansestadt Hamburg eine über ein Jahr angelegte Studie der Bewegungsabläufe der Erzieherinnen und Erzieher bei ihrer Arbeit erstellt. Sie sollte Aufklärung darüber bringen, welche Bewegungsabläufe des Arbeitsbereiches "Heben und Tragen", möglicherweise zu den festgestellten erheblichen krankheitsbedingten Arbeitsausfällen führten und wie dem durch Erlernung richtiger Bewegungsabläufe entgegengewirkt werden könnte.

Zu den Hauptproblemen gehören häufig Unkenntnis über körpergerechte, ergonomische Bewegungsabläufe im Arbeitsbereich "Heben und Tragen" sowie das Fehlen eines regelmäßigen Trainings körpergerechter, ergonomischer Bewegungsabläufe.

Bei richtiger Anwendung und Benutzung könnten die erforderlichen und vielleicht vorhandenen Arbeitshilfen bzw. Einrichtungen eine ganz erhebliche gesundheitliche Entlastung bedeuten. Zu den erforderlichen Arbeitshilfen und Einrichtungen gehören:

- Matten,
- richtige Durchgänge und Türen,
- Rampen für Rollstühle,
- elektromotorisch betriebene und höhenverstellbare Wickeltische,
- elektromotorisch betriebene und höhenverstellbare Hubeinrichtungen,
- Hubeinrichtungen für Rollstühle im Therapiebeckenbereich,
- Arbeitsstühle für Erzieherinnen und Erzieher,
- Sitzhilfen beim WC-Training der Schülerinnen und Schüler und beispielsweise
- Transporthilfen im Straßenverkehr

Empfohlene Maßnahme

- Die Arbeitsbereiche Sonderschulen, sollten unbedingt durch Arbeitsplatzanalysen und Gefährdungsanalysen auf gesundheitliche und arbeitssicherheitstechnische bzw. arbeitsbedingte Mängel hin untersucht werden.
- Für die Analyse von Bewegungsabläufen in Zusammenarbeit mit den Erzieherinnen und Erziehern bieten sich Universitäten, Studienbereich Sport, an.
- Für die Auswahl von geeigneten technischen Hilfen sollte unbedingt der freie Markt zu Angeboten aufgefordert werden.

Die Erzieherinnen und Erzieher haben in der Regel selbst ein umfangreiches Wissen über geeignete Maßnahmen und häufig genug ein aus der Praxis heraus entstandenes und erprobtes Wissen über geeignete Arbeitshilfen. Sie sollten in die Auswahl von Geräten und technischen Hilfen unbedingt mit einbezogen werden.

• An Sonderschulen für mehrfachschwerstbehinderte Schülerinnen und Schüler sind die Lernziele häufig beschränkt auf: Körperkontakttraining, Esstraining und WC-Training.
Für das Erreichen dieser Lernziele stehen die Erzieherinnen und Erzieher oft großen eigenen körperlichen Problemen gegenüber. Hier ist das Einsetzten von technischen Hilfsmitteln von entscheidender Bedeutung , um das Lernziel zu erreichen und die Gesundheit der Erzieherinnen und der Erzieher zu erhalten.
• Es sollte in diesem Arbeitsbereich auch die Einrichtung von "smoothing-Räumen" gefördert werden.
Vgl.: GUV-V A1, § 2, GUV-I 8700.

Sport im Unterricht, Checkliste

Eine Grundschullehrerin hat folgendes typisches Problem beschrieben:
*…ich bin Lehrerin an einer Grundschule und habe eine spezielle Frage zur Sicherheitsvorkehrung im Fach Sport….***Ohrringe im Sportunterricht-***
Eltern meiner Klasse möchten trotz allgemeiner Bekanntgabe während eines Elternabends, dass die Kinder während des Sportunterrichts keinen Schmuck tragen dürfen, dass Ihre Tochter die Ohrringe während des Sportunterrichts tragen darf. Weitere Eltern sind dieses Jahr diesen Wünschen nachgerückt. …Könnte ich mich darauf einlassen, dass sie Eltern eine schriftliche Bestätigung schreiben, dass speziell ihr Kind, Ohrringe und Ohrstecker während des Sportunterrichts tragen darf und sie selbst die Verantwortung übernehmen? Oder würde trotzdem ich zur Verantwortung gezogen werden, wenn es zu einer Verletzung käme?
Empfohlene Maßnahme
Grundsätzlich ist zu bemerken, dass die "Gesetzlichen Unfallverhütungsvorschriften" einzuhalten sind. Verantwortliche Personen können und dürfen ihre Verantwortung nicht delegieren.
„Armbanduhren und Schmuck werden vor Unterrichtsbeginn abgelegt.‟
Vgl.: GUV-SI 8048, *Checklisten zur Sicherheit im Sportunterricht.*

68

Sporthalle

Die Sporthalle entspricht nicht überall den Richtlinien für Schulen. Das liegt an Folgendem:

a) Stirnwände

In der Sporthalle sind die Stirnwände zu häufig nicht mit nachgiebigem Material abgedeckt.

Empfohlene Maßnahme

Bis zur vorschriftsmäßigen Abdeckung der Stirnwände mit abfederndem Material sollten keine Laufspiele durchgeführt werden.

Vgl.: GUV-SR 2001, 4 bzw. DIN 18032

b) Geräteraumtore

Der Geräteraum ist offen, weil das Geräteraumtor während des Sportunterrichtes nicht geschlossen wurde oder weil überhaupt kein Tor vorhanden ist. Das bedeutet, dass die Wände in der Sporthalle nicht geschlossen sind.

Empfohlene Maßnahme

Vorhandene Geräteraumtore müssen während des Sportunterrichtes geschlossen sein.

Fehlende Geräteraumtore sollten nachgerüstet werden.

Vgl.: GUV-SR 2001, 4

c) Eingangstür zur Turnhalle

Die Eingangstür zur Sporthalle hat an der Unterseite oft gefährliche, scharfkantige Bleche, die abstehen. Sie sind eine große Unfallgefahr.

Empfohlene Maßnahme

Die Tür ist sofort zu reparieren.

Vgl.: GUV-V A1 § 2.

d) Sicherheitskennzeichnung

Es führt eine Rettungstür z.B. durch eine gläserne Längswand oder durch einen Geräteraum ins Freie. Sie ist sehr oft unvorschriftsmäßig oder gar nicht gekennzeichnet.

Empfohlene Maßnahme

Die Tür sollte mit einer Sicherheitskennzeichnung oberhalb des Türrahmens versehen sein. Der Panikriegel ist durch einen Hinweis in der Bedienungsrichtung kenntlich zu machen.

Vgl.: GUV-V A8

e) Öffnungsrichtung der Sporthalleneingangstür

Die oft doppelflüglige Eingangstür des Sporthallengebäudes öffnet zu häufig nicht in Fluchtrichtung, nämlich nach draußen ins Freie, sondern in das Gebäude. Das darf nicht sein. Außentüren müssen in Fluchtrichtung aufschlagen.

Empfohlene Maßnahme

Die Öffnungsrichtung der Tür ist so ändern, dass sie nach außen, ins Freie, öffnet.

Vgl.: GUV-SR 2001, 4 und ArbStättV.

f) Basketballkörbe
Es befinden sich Basketballkörbe an der Wand. Sie sollen einen Abstand der Korbhalterung von der Wand von mindestens 165 cm haben. Der wird zu oft nicht eingehalten. Er beträgt sehr viel weniger. Der Abstand dient als Auslaufsicherung für die Spieler beim Werfen.
Empfohlene Maßnahme
Die Körbe sind vorschriftsmäßig im richtigen Abstand zu befestigen. Davon kann höchstens bei Längswandkörben abgewichen werden, wenn ausschließlich Zielwerfen auf den Korb und keine Laufspiele geübt werden.
Vgl.: GUV-SI 8044.

g) Sporthallentüren
Eingangstüren in die Sporthalle befinden sich zu oft in zurückgesetzten Nischen. Das darf nicht sein.
Empfohlene Maßnahme
Die Türen sollen plan mit der Wand verlaufen.
Türdrücker sollen nicht in den Raum hineinragen sondern z.B. in Türmulden versenkt sein.
Vgl.: GUV-SR 2001, 4.

h) Klettertaue
Klettertaue sind häufig nicht frei von Knoten. Das darf unter keinen Umständen so bleiben. Unfallanzeigen geben Auskunft über die große Verletzungsgefahr bei Abrutschhöhen von schon weit weniger als 2 m. Klettertaue dürfen nicht mehr benutzt werden, wenn sie innen "mehlig" sind. Das kann durch Drehung des gewundenen Seiles gegen den Drall mühelos erkannt werden. Sie verfügen dann nicht mehr über die notwendige Kletterfähigkeit, sie sind nicht mehr steif genug.
Empfohlene Maßnahme
Die Klettertaue sind ohne Knoten zu benutzen. Es ist eine Überprüfung über den inneren Zustand der Taue, mindestens einmal jährlich, erforderlich. Klettertaue sind in Zeiten der Nichtbenutzung außerhalb des Verkehrsbereiches abzuhängen.
Vgl.: GUV-SI 8044

i) Klettergerüste vor den Stirnwänden
Die Wirkung der abgefederten Stirnwand wird häufig durch davor angebrachte Klettergerüste großflächig wirkungslos. Das ist immer wieder eine erhebliche Unfallgefahr.
Empfohlene Maßnahme
Die Klettergerüste sollten durch hochklappbare ersetzt werden.
Vgl.: GUV-SR 2001, 4.

j) Fehlende Niedersprungmatten

In der Sporthalle gibt es häufige keine Niedersprungmatten. Das ist eine dauernde Unfallgefahr, weil für Übungssprünge, bei denen die Landung auf den Füßen erfolgt, möglicherweise eine Weichbodenmatte verwendet wird. Weichbodenmatten lassen aber keine Drehung des in die Matte eingesunkenen Fußes bei seitlichen Bewegungen zu. Schwere Verletzungen können die Folge sein. Die vorhandenen Turnmatten sind kein Ersatz für Niedersprungmatten.

Empfohlene Maßnahme

Übergangsweise können die vorhandenen Turnmatten auf die Weichbodenmatten gelegt werden, um Übungssprünge richtig aufzufangen. Insgesamt sollten aber wenigstens 3 Stück Niedersprungmatten angeschafft werden.

Vgl.: GUV-SI 8035

k) Oberlichtriegel in der Sporthalle bzw. in den Umkleideräumen

Hier sind häufig Oberlichtriegel weit unterhalb von 2,0 m angebracht. Solche Riegel können eine dauernde Unfallgefahr bedeuten, weil sie nicht immer erkannt werden und sich Schüler und Lehrer an ihnen schwer verletzen können. Kanten, Ecken und Haken an Einrichtungsgegenständen, die in Aufenthaltsbereiche hineinragen, sind so auszubilden, dass keine besonderen Verletzungsgefahren entstehen.

Empfohlene Maßnahme

Die Oberlichtriegel in der Sporthalle bzw. in den Umkleideräumen sind oberhalb von 2,0 m anzubringen.

Vgl.: GUV-SR 2001, 4

Standfestigkeit von Maschinen

Häufig sind Maschinen, z.B. in der Werkstatt, aufgestellt. Es kommt vor, dass diese Maschinen keine feste Verbindung mit dem Fußboden oder über das Untergestell mit dem Fußboden haben. Sie können gefährlich „kopflastig" sein. D.h. dass die Gefahr besteht, dass die Maschine umkippt.

Empfohlene Maßnahme

Die Maschinen sind zunächst zu überprüfen und dann möglicherweise fest mit dem Gestell und das Gestell wiederum fachmännisch fest mit dem Fußboden zu verbinden.

Zwischen der Maschine und dem Fußboden muss Standsicherheit bestehen.. Dafür ist das Gestell möglicherweise mit einzubeziehen.

Vgl.: GUV-V A1, § 2.

Steckdosen in einfacher Ausführung, auf Putz

Häufig wird der nachträgliche Anbau von Kabel und Steckdosen "auf Putz" vorgefunden. Der Stand der Technik beschreibt das Verlegung von Leitungen und Steckdosen "unter Putz". Das wird nicht immer eingehalten. Es besteht die Gefahr, dass "auf Putz" verlegte Steckdosen zerbrechen und solche Leitungen von der Wand gerissen werden.

Empfohlene Maßnahme

Steckdosen und Zuleitungen sollen im Regelfall unter Putz verlegt werden.

Das ist immer dort erforderlich, wo mit besonderer Beanspruchung der Gehäuse in Verkehrswegen, Fluren, an Tafeln und in Klassenräumen durch Anstoßen zu rechnen ist. Nur im Ausnahmefall sollten Steckdosen "auf Putz", dann aber in robuster, d.h. wassergeschützter Ausführung *mit* Deckel, und die Zuleitungen *im* Kabelkanal angebracht werden.

Vgl.: GUV-V A2, §§ 4, 5 und GUV-V A1, §2.

Stopfpräparate in Sammlungen, z.B. der Biologie

a) Stopfpräparate in Sammlungen, z.B. der Biologie

Die Aufbewahrung und der Umgang mit vielen Stopfpräparaten (*ausgestopfte Tiere*) bedarf besonderer Sorgfalt. Das liegt daran, dass die Präparate gegen Insektenfraß und Bakterienbefall chemisch behandelt wurden. Bei älteren Präparaten ist ein „Ausrieseln" arsenhaltiger Partikelchen nicht mit Sicherheit auszuschließen. Deshalb sind Vorsichtsmaßnahmen erforderlich.

Empfohlene Maßnahme

1. Sämtliche Stopfpräparate sollten in geschlossenen Vitrinen bzw. Schränken aufbewahrt oder in Kartons verpackt werden.
2. Überalterte und beschädigte Stopfpräparate müssen fachgerecht entsorgt werden.
3. Nach dem Anfassen der Präparate sollte das „Händewaschen" nicht vergessen werden.

Vgl.: GUV-V A1, 4. Abschnitt.

b) Tierpräparate in Alkohol in Schränken im Flur

Häufig befinden sich in Glasschränken im Flur Tierpräparate, die vermutlich in Alkohol oder Formalin fixiert sind. Das sind leicht entzündliche Flüssigkeiten.

Die Aufbewahrung der Tierpräparate im Schrank ist deswegen nicht richtig, weil eine allgemeine Unfallgefahr beim Zerstören oder Zerbrechen eines Behältnisses gesehen werden kann. Darüber hinaus werden jedoch die Vorschriften zur Aufbewahrung von gefährlichen Flüssigkeiten nicht eingehalten. Die Mengen sind oft viel zu groß.

Empfohlene Maßnahme
Der Schrank mit den Tierpräparaten, zum mindesten jedoch die
Tierpräparate mit den Behältnissen, müssen aus dem Flurbereich
entfernt und an nicht öffentlich zugänglicher Stelle, z.B. in einem
Biologie-Sammlungsraum, aufbewahrt werden.
Vgl.: GUV-V A1, 2. und 3. Abschnitt, und GUV-SR 2003, 6.

Stufen und Treppengeländer

a)   Geländerhöhe, z.B. im Treppenhaus
Die Geländerhöhe entspricht manchmal nicht den Vorschriften. Schutz-
und Treppengeländer sind z.B. mindestens 1,0 m hoch auszuführen.
Gemessen werden aber zu oft wesentlich niedrigere Höhen. Das ist eine
große Gefährdung der Verkehrssicherheit. Bei einer Absturzhöhe von
mehr als 12 m muss die Höhe von Geländern, Umwehrungen und
Brüstungen mindestens 1,1 m betragen.
Empfohlene Maßnahme
Die Schutz- und Treppengeländer sollten im Zuge der nächsten
Umbaumaßnahmen auf eine Höhe von mindestens 1,0 m umgerüstet
werden. Die Handläufe daran sollen eine Höhe von 0,80 bis 0,90 m
haben.
Es sollte auch die Geländerhöhe bei einer Absturzhöhe von mehr als 12
m überprüft werden und möglicherweise auf mindestens 1,1 m erhöht
werden.
Die inneren Handläufe sollen über die Treppenabsätze fortgeführt
werden. Handläufe müssen ohne freie Enden sein. Sie sind am
Anfang und am Ende an die Treppenwange heranzuführen.
Vgl.: GUV-SR 2001, 4.
Achtung: Länderverordnungen und regionale Technische Richtlinien der
Baubehörden, können eine Geländerhöhe von 1,1 m vorschreiben.
b)   Fehlendes zweites Treppengeländer
In manchen Schulen befinden sich Treppenverläufe mit nur einem
Treppengeländer. Das darf in Schulen nicht sein. Da die Treppen in
beiden Richtungen und auf beiden Seiten gleichzeitig benutzt werden
können, fehlt dieser zweite, sichere Halt. Es herrscht dauernde
Unfallgefahr.
Empfohlene Maßnahme
Die fehlenden zweiten Treppengeländer müssen nachgerüstet werden.
Vgl.: GUV-SR 2001, 4.
c)   Rutschfestigkeit auf Stufen der Treppen
An vielen Stufen fehlen zu oft die rutschhemmenden Winkelleisten im
Bereich der Vorderkanten oder sie sind defekt. Das ist eine erhebliche
und dauernde Unfallgefahr.

Empfohlene Maßnahme
Alle Stufen müssen mit fest angebrachten, rutschhemmenden
Winkelleisten versehen sein. Der Mangel ist sofort zu beheben.
Vgl.: GUV-SR 2001, 4.

d)   Fehlendes mittleres Geländer auf breiten Treppen
In der Schule befinden sich manchmal Treppenverläufe ohne mittleres
Treppengeländer. Der lichte Abstand zwischen den Handläufen darf max.
2,50 m betragen. Das wird möglicherweise nicht eingehalten. Da die
Treppen in beiden Richtungen und auf beiden Seiten gleichzeitig benutzt
werden können, fehlt dann dieser mittlere, sichere Halt. Es herrscht
dauernde Unfallgefahr.
Empfohlene Maßnahme
Das fehlenden mittlere Treppengeländer ist nachzurüsten.
Vgl.: GUV-SR 2001, 4.

Tische und Stühle im Unterrichtsraum (Lehrerinnen/Lehrer und Schüler)

Viel zu häufig arbeiten Schülerinnen und Schüler an zu kleinen Tischen
und müssen auf zu kleinen oder nicht körpergerechten Stühlen sitzen.
Ein Unterricht kann so, wegen einer dadurch möglichen Stresssituation,
zu einer zusätzlichen Belastung der Lehrkraft führen.
Viel zu häufig müssen auch Lehrkräfte an zu kleinen Tischen arbeiten
und müssen auf zu kleinen oder nicht ergonomisch gerechten Stühlen
sitzen. Ein Unterricht kann so, wegen der auch dadurch möglichen
Stresssituation, zu einer zusätzlichen Belastung der Lehrkraft führen.
Es besteht gesundheitliche Gefährdung von Schülern und Lehrkräften.
Empfohlene Maßnahme (Schüler):
Für Schülerinnen und Schüler sind ergonomisch gerechte, auf ihre
Körpergröße abgestimmte Stühle und Tische, die dem Stand der Technik
entsprechen, bereitzustellen,.
Vgl.: GUV-V S1, § 11 Abs. 4 und GUV-SI 8011, EN 1729 und Hinweise in
DIN ISO 5970.
Empfohlene Maßnahme (Lehrkräfte):
Für Lehrkräfte sind ergonomisch gerechte und auf die
Arbeitsbedingungen abgestimmte Stühle und Tische, die dem Stand der
Technik entsprechen, bereitzustellen.
Vgl.: ArbSchG §§ 3 und 4 sowie ArbStättR der ArbStättV §25, Abs. 1,
Sitzgelegenheiten.
Hinweis:
Die europäische Norm EN 1729-1 und -2 beschreiben Stühle und Tische
für Bildungseinrichtungen, deren Funktionsmaße und
Sicherheitstechnische Anforderungen. Sie und die zzt. noch gültige DIN
ISO 5970, Sitz- und Tischhöhe nach Körpergröße, haben keine Gültigkeit
für die Arbeitsplätze von Lehrkräften im Bildungsbereich.

Toiletten, Toilettenbeckenaufhängung und Toilettenräume

An vielen Schulen, besonders an Grund-, Haupt- und Realschulen, haben die Lehrerinnen und Lehrer keine eigenen Toiletten, und sie müssen die Toiletten der Schülerinnen und Schüler mit benutzen. Das ist unzulässig. Häufig sind in den Toilettenreihen der Schülertoiletten für die Lehrerinnen und Lehrer eigenen abschließbare und nicht einsehbare Toiletten vorgesehen. Auch das ist nicht statthaft. Häufig genug müssen Lehrerinnen und Lehrer durchs Freie gehen, um zu den Toiletten zu gelangen. Das ist nicht entsprechend den Vorschriften. Des Weiteren liegen die Toilettenräume für die Lehrerinnen und Lehrer häufig genug mehr als ein Stockwerk auseinander. Auch das ist nicht statthaft. Toiletten für Lehrerinnen und Lehrer und gleichzeitig für das Verwaltungspersonal befinden sich häufig genug nur im Verwaltungstrakt. Dort ist dann jeweils eine Toilette für Damen und eine für Herren vorhanden. Auch das ist bei weitem nicht ausreichend. Wege zu den Toiletten dürfen auch nicht mehr als 100 m lang sein. Bedienstete, Lehrerinnen und Lehrer sowie das Verwaltungspersonal, haben einen Anspruch auf eigene Toiletten. Die Anzahl der vorzusehenden Toiletten richtet sich nach der Anzahl der Versicherten. In Schulen ermittelt man deshalb die Anzahl der beschäftigten Lehrerinnen und Lehrer. Dabei muss von der maximalen Anzahl der Lehrerinnen und Lehrer ausgegangen werden, die gleichzeitig an der Schule tätig sind. Daraus ergeben sich Mindestanforderungen an die Toilettenräume. Ebenso wird mit dem Verwaltungspersonal verfahren. Die Zahl der erforderlichen Toiletten und Bedürfnisstände ergibt sich aus der nachstehenden Tabelle nach DIN 18 228 Blatt 3:

Männer			Frauen	
Beschäf-tigtenzahl	Zahl der Toi-letten	Zahl der Bedürfnis-stände	Beschäf-tigtenzahl	Zahl der Toiletten
bis 5	1		bis 5	1
bis 10	1	1	bis 10	1
bis 25	2	2	bis 20	2
bis 50	3	3	bis 35	3
bis 75	4	4	bis 50	4

Empfohlene Maßnahme
1.   Den Arbeitnehmern sind in der Nähe der Arbeitsplätze besondere Räume mit einer ausreichenden Zahl von Toiletten und Handwaschbecken (Toilettenräume) zur Verfügung zu stellen. Wenn mehr als fünf Arbeitnehmer verschiedenen Geschlechts beschäftigt werden, sollen für Frauen und Männer vollständig getrennte

Toilettenräume vorhanden sein. Werden mehr als fünf Arbeitnehmer beschäftigt, müssen die Toilettenräume ausschließlich den Betriebsangehörigen zur Verfügung stehen.

2.	In unmittelbarer Nähe von Pausen-, Bereitschafts-, Umkleide- und Waschräumen müssen Toilettenräume vorhanden sein.

3.	Die Toilettenräume bzw. die Toiletten sind innerhalb einer Arbeitsstätte so zu verteilen, dass sie von ständigen Arbeitsplätzen nicht mehr als 100 m und, sofern keine Fahrtreppen vorhanden sind, höchstens eine Geschosshöhe entfernt sind. Der Weg von ständigen Arbeitsplätzen in Gebäuden zu Toiletten soll nicht durchs Freie führen

4.	Die Ausstattungen sowie die Be- und Entlüftungen haben nach der Vorschrift zu erfolgen. Dazu gehört, dass in jeder Damentoilette in jedem Gebäude in mindestens einer Toilettenzelle ein Hygienebehälter mit Deckel vorhanden sein muss. Dieser Behälter muss einer regelmäßigen Reinigung durch das Reinigungspersonal unterliegen. Die Tür zu dieser Zelle muss von außen gekennzeichnet sein. Zur Kennzeichnung eignet sich z.B. ein Klebeschild, GUV-V A8, "Weißes Kreuz auf grünem Grund" (E03), (s. auch S. 61)

Vgl.: ASR § 37/1, 1-8, und § 37 der ArbStättR zur ArbStättV.

Toilettenbeckenaufhängung für Kindergärten/ Kindertagesstätten/ Schulen usw. s. VDI 6000 Blatt 6

Umdrucker und Löser

In einigen Schulen wird immer noch ein Umdrucker benutzt. Der Umdrucker benötigt leicht entzündliche Gefahrstoffe, sog. "Löser" zum Umdrucken. Das ist eine Gesundheitsgefahr, weil die Luft nicht abgesaugt wird. Umdrucken ist wie dauerndes Umfüllen zu betrachten. Hinzu kommt, dass das Papier zum Träger des Gefahrstoffes wird und ständig weiterhin den Löser in Gasform abgibt. Für die "Löser" gibt es derzeit keinen Ersatzstoff mit geringerer Gefährdung.

Empfohlene Maßnahme

Der Umdrucker sollte gar nicht mehr benutzt werden.

Der "Löser" sollte entsorgt werden. Die Begründung ist darin zu suchen, dass "gefährliche Stoffe" nicht in die Atemwege von Lehrerinnen und Lehrern und nicht in die von Schülerinnen und Schülern gelangen sollen. Auch der Einstieg bei Schülern zum *"Schnüffeln"* kann so verhindert werden. Außerdem können selbst kleine Mengen der gefährlichen Stoffe Allergien auslösen.

Vgl.: GUV-V A1, § 2, GUV-SR 2003, 6.

Vorschulklassen, Arbeitsbereich

Der Arbeitsbereich Vorschule stellt eine häufig vorzufindende Situation dar. Es herrscht u.a. eine zu hohe Brandlast, d.h. dass sich hier zu viele brennbare Gegenstände auf zu kleinem Raum angesammelt haben. Die "Verkehrs- und Rettungswege" sind zu schmal. Das Einrichtungs- bzw. Ausrüstungskonzept führt zu oft zu erheblichen Beschränkungen der freien Bewegungsfläche am Arbeitsplatz. Lehrerinnen, Erzieherinnen und Kinder können sich nicht mehr sicher zwischen den sperrigen Gegenständen bewegen. Bei der Einrichtung und Ausstattung dieses Arbeitsplatzes wird empfohlen, die Richtlinien für Kindergärten, die die Vorschulbereiche mit erfassen, zu berücksichtigen.

a) Kindersicherung an Steckdosen

Häufig sind Steckdosen ohne die erforderlichen Kindersicherungen. Das darf nicht sein.

Empfohlene Maßnahme

Alle Steckdosen müssen mit einer Kindersicherung versehen sein.
Vgl.: GUV-SR 2002, 5.

b) Glas in Aufenthaltsbereichen

In den Aufenthaltsräumen stehen sehr oft Schränke mit Glaseinsätzen. Die beginnen bereits unterhalb von 1,5 m über dem Fußboden und bestehen aus zerbrechlichem Einfachglas. Das darf nicht sein. Verglasungen müssen vom Fußboden bis in eine Höhe von mindestens 1,5 m aus Sicherheitsglas oder Materialien mit mindestens gleichwertigen Sicherheitseigenschaften bestehen. Andere Glaseinsätze, z.B. in Türen und Zwischenwänden oder Raumabtrennungen, bestehen oft noch aus Drahtglas.
Möglicherweise befinden sich hier auch noch Spiegel aus Einfachglas.

Empfohlene Maßnahme

Zerbrechliche Gläser, insbesondere Drahtgläser, sind gegen solche aus unzerbrechlichem Sicherheitsglas auszutauschen.
Zerbrechliche Spiegel sollten gegen unzerbrechliche Therapiespiegel ausgetauscht werden. Die bietet die Industrie an.
Vgl.: GUV-SR 2002, 2.

c) Heißwassergeräte

In der VS befinden sich Heißwassergeräte, die von den Kindern benutzt werden müssen. Das heiße Wasser kann möglicherweise zu heiß, d.h. mit über 45°C, entnommen werden.

Empfohlene Maßnahme

Die Wassertemperatur an der Entnahmestelle, die Kindern zugänglich ist, darf nicht mehr als 45 ° C betragen. Dabei sollte die Vorlauftemperatur nicht unter 60 ° C liegen. Es muss eine leichte, gefahrlose Bedienung sichergestellt werden.
Vgl.: GUV-SR 2002, 4.

d) Notruftelefon
VS-Bereiche sind häufig ohne Notruftelefon mit Amtsanschluss.
Empfohlene Maßnahme
Für Notrufe muss ein Telefon mit Amtsanschluss vorhanden sein.
VglGUV-SR 2002, 6.

e) Heizkörper
Die Heizkörper, oft noch Rippenheizkörper, in den Aufenthaltsräumen
stehen sehr oft frei vor den Wänden. Es herrscht große
Verletzungsgefahr. Die Erzieherinnen können ihrer Aufsichtspflicht nicht
nachkommen. Installationsteile sind so anzuordnen, dass
Verletzungsgefahren vermieden werden. Das ist so nicht gewährleistet.
Empfohlene Maßnahme
Die Heizkörper müssen in Nischen untergebracht oder bis zu einer Höhe
von mindestens 1,0 m bzw. 1,5 m umwehrt werden.
Vgl.: GUV-SR 2002, 2 und 4.

f) Podeste vor Gebäudeeingängen, Öffnungsrichtung von Türen
Podeste vor Gebäudeeingängen müssen bei nach außen aufschlagenden
Türen eine Mindesttiefe von Türblattbreite plus 40 cm aufweisen. Das ist
zu selten gewährleistet. Oft beträgt die Tiefe nur Türblattbreite plus
wenige Zentimeter bis zu den Außenstufen. Das ist eine dauernde
Stolper- und Absturzgefahr. Die entsteht beim Öffnen der Tür, wenn die
Kinder und die Bediensteten rückwärts treppab gedrängt werden.
Die Öffnungsrichtung von *Gebäudeeingangstüren und von Türen aus so
genannten Mehrzweckräumen* ist festgelegt. Diese Türen müssen in
Fluchtrichtung, also nach außen bzw. zum Flur hin öffnen. Das ist häufig
nicht der Fall.
Empfohlene Maßnahme
•   Das Podest sollten entsprechend der GUV vergrößert werden.
•   Gebäudeeingangstüren und Türen von Mehrzweckräumen
müssen in Fluchtrichtung öffnen.
Vgl.: GUV-SR 2002, 2. sowie Bauordnung der Länder.

g) Rettungs- und Verkehrswege
Zu oft sind die Aufenthaltsbereiche mit einer Vielzahl von kindgerechten
Kommoden, Kästen, Schubladen, Fächern und Regalen so verstellt, dass
Rettungs- und Verkehrswege nicht mehr ausreichend frei sind.
Empfohlene Maßnahme
•   Es sollte überlegt werden, ob Hängeschränke in
Erwachsenenhöhe eine wesentliche Entlastung bringen könnten.
Möglicherweise kann auf den immer wieder zu hörenden Wunsch,
Spielecken untereinander durch Möbel abtrennen zu wollen oder zu
müssen, ganz verzichtet werden. Dafür gibt es beispielhafte Vorschulen.
•   Rettungswege und Verkehrswege (Flure) sind unbedingt von
allen Gegenständen wie z.B. Möbeln freizuhalten.
Vgl.: ArbStättV und ArbStättR § 10, 4.3

h) Scharfkantige Möbel

Es werden immer wieder Möbel, z.B. Kücheneinrichtungen, aufgestellt, die nicht den *Richtlinien für Bau- und Ausrüstung von Kindergärten* entsprechen. Die Möbel haben scharfe Kanten und Ecken. Das darf nicht sein.

Empfohlene Maßnahme

Bauteile und Einrichtungsgegenstände in Aufenthaltsbereichen z.B. Armaturen, Schränke, Ablagen, Tische, Tafeln usw. müssen abgerundet oder entsprechend stark, mit einem Radius von wenigstens 2 mm, gefast sein.

Vgl.: GUV-SR 2002, 2. und für Kinderspielgeräte DIN-EN 7926.

i) Garderobenhaken, Waschtisch- und Toilettenbeckenaufhängungen

In der VS sind häufig Garderobenleisten angebracht, deren Haken in den Raum ragen. Das darf nicht sein. Sie bilden eine Verletzungsgefahr. Garderobenhaken müssen abgeschirmt sein, z. B. durch vorgelagerte Schutzleisten. Zu oft sind die Haken vorgelagert. Die Garderobenleisten, die Waschtische und Toilettenbecken sind zu selten kindgerechter Höhe angebracht. Dadurch ergeben sich Verletzungsgefahren, weil die Kinder zum Erreichen der höheren Ebene keine sicheren Aufstiege benutzen können. Diese werden z.B. durch leere Brausekästen ersetzt.

Empfohlene Maßnahme

Die vorhandenen Garderobenleisten sollten gegen vorschriftsmäßige ausgewechselt werden.

Garderobenleisten, Waschtische, Toilettenbecken und Bedürfnisstände sollten in kindgerechter Höhe angebracht werden. Die sind: Garderobenhaken etwa 1,10 m, Waschtische etwa 0,6 m, Toilettenbeckenaufhängung etwa 45 cm über dem Fußboden; und für die Bedürfnisstände für Jungen ca. 0,5 bis 0,6 m, vom Fußboden bis zur Beckenöffnung.

Vgl.: GUV-SR 2002, 2.10.1 sowie GS/CE-geprüfte Garderobenleisten.

Toilettenbeckenaufhängung für Kindergärten/ Kindertagesstätten/ Schulen usw. s. VDI 6000 Blatt 6

j) Küchenzeile im VS-Bereich

Die Küchenzeile im VS-Bereich gehört mit zu den Lehrküchen. Hier fehlt oft der Fehlerstromschutzschalter (FI-Schalter). Außerdem sind E-Herd und Steckdosen mit einem zentralen Schlüsselschalter mit roter Kontrollleuchte (für den Einschaltzustand) zu versehen. Diese Schutzeinrichtungen müssen vorhanden sein.

Empfohlene Maßnahme

Der FI-Schalter, 30 mA, sind nachzurüsten.

Der Schlüsselschalter mit Kontrollleuchte ist nachzurüsten.

Vgl.: DIN-EN VDE 0664 sowie regionale Technische Richtlinien der Baubehörden

k) Außenanlagen

An die Außenanlagen werden Anforderungen gestellt. Häufig werden jedoch z.B. Einfriedungen zu niedrig gehalten. Sie sind dann eine dauernde Stolpergefahr. Teiche und Feuchtbiotope müssen den Vorschriften entsprechen. Türen und Zugänge müssen abschließbar sein. Diese Sicherungen sollten überprüft werden.

Empfohlene Maßnahme

Einfriedungen müssen 1,0 m hoch sein. Stacheldraht ist verboten. Teiche und Feuchtbiotope müssen z.B. trittsichere Uferzonen und Einfriedungen oder eine beschränkte Wassertiefe haben.
An Grundstücksausgängen sind zur Straßenseite hin Sicherungen vorzusehen.
Vgl: GUV-SR 2002, 3.

2) In der Naturwissenschaft (NW) an Schulen

(NW) Abzüge für den Bereich Chemie und Abluftleistung

---

a) Anzahl der Abzüge

Im gesamten Unterrichtsbereich Chemie, nämlich Praktikum bzw. Lehrraum, muss es wenigstens einen fest installierten Abzug geben. Es ist häufig lediglich ein fahrbarer, wirkungsloser Abzugskasten vorhanden.

Empfohlene Maßnahme

Es ist der Einbau mindestens eines Durchreiche-, wandständigen oder neuerdings auch freistehenden Abzuges vorzunehmen. Ein freistehender oder auch Panorama-Abzug sollte, wegen der möglichen ständigen Sichteinschränkung des Lehrers zu den Schülern, zuvor an einer anderen Schule besichtigt werden. Bei mehr als einem Abzug sollte die Anzahl den Empfehlungen der KMK entsprechen.. Die KMK empfiehlt auch, im Normalfall auf eine raumlufttechnische Anlage dann zu verzichten, wenn ein

- Schullabor (Chemieunterrichtsraum) mit 1 Abzug kleiner als 45 m²; und ein
- Schullabor (Chemieunterrichtsraum) mit 2 Abzügen kleiner als 90 m²; groß ist.

Damit werden die in der Praxis üblichen Fälle beschrieben. Bei einer größeren als der vorstehenden Anzahl von Abzügen ist der Einbau einer raumlufttechnischen Anlage vorzunehmen. Bei dem Einbau von 1 oder 2 Abzügen reicht normalerweise eine Zuluft über eine Sekundärlüftung im Bereich der Abzüge aus. Die Zuführung sollte ohne Beeinflussung der Raumluft erfolgen. Abzüge müssen der Vorschrift entsprechen. Vgl.: VDI 2051, 3.2 bzw. GUV-SR 2003, 5. sowie DIN-EN 12924.

b) Absaugleistung der Abzüge

Die Abzüge entsprechen oft nicht der Vorschrift. Es ist zwar ein Durchreiche- bzw. wandständiger Abzug vorhanden, jedoch entspricht der zu selten der Vorschrift bzw. dem Stand der Technik. Der Stand der Technik wird durch die DIN-EN vorgegeben. Der Abzug muss wenigstens einen Not-Aus-Schalter haben, und die Abzugsleistung muss dauerhaft überprüfbar sein. Das ist dann nicht gegeben. Abzüge sind Sicherheitseinrichtungen. Die ständige **'Kontrolle mittels Wollfaden'** hat nichts mit der jährlichen Überprüfung auf Funktionsfähigkeit zu tun. Die Kriterien einer Überprüfung können, auch bei nicht dem Stand der Technik entsprechenden Geräten, sein:

Bei geöffnetem Schieber soll die Luftbewegung in der Mitte der geöffneten Fläche größer sein als 0,2 m/s. Bei Schieberstellung, ca. 10 cm geöffnet, soll an keiner Stelle weniger als 0,7 m/s gemessen werden können und am Austritt ins Freie sollen 10 m/s Luftgeschwindigkeit

herrschen. *Grundsätzlich ist jedoch die Abzugsleistung mit ca. 400 m³;/h je 1 m Frontlänge nachzuweisen.*
Nicht richtig funktionierende Abzüge lassen Schadstoffausbrüche zu. Die Schadstoffe bleiben dann im Raum und können mit eingeatmet werden. Es wird außerdem häufig ein fahrbarer Abzugskasten im Chemieunterricht benutzt. Das darf nicht sein. Dieser Kasten hat nicht die erforderliche Abzugsleistung und ist leicht brennbar.

Empfohlene Maßnahme
Abzüge müssen regelmäßig gewartet und mindestens jährlich auf ihre Funktionsfähigkeit überprüft werden. Das Prüfprotokoll muss Messergebnisse beinhalten und von dem Sammlungsleiter oder der Sammlungsleiterin gegengezeichnet werden.
Nicht der Vorschrift entsprechende Abzüge sind durch richtige zu ersetzen.
Vgl.: VDI 2051, 3.2, GUV-SR 2003, 5.2, GUV-V A1, 2. und 3. Abschnitt, und DIN-EN 12924, Teil 3.

(NW) Betriebsanweisungen für Hausmeister und Reinigungspersonal, Muster

Anhang 4.2 Allgemeine Betriebsanweisung für Hausmeister und Reinigungspersonal

4. Verhalten in Gefahren-situationen	Sollte trotz der Vorsichtsmaßnahmen eine Gefahrensituation eintreten, können folgende Maßnahmen notwendig werden:
	Bei allen Hilfeleistungen auf die eigene Sicherheit achten
	So schnell wie möglich einen notwendigen NOTRUF tätigen
	Feuer / Unfall: NOTRUF 112
	Im Falle eines Entstehungsbrandes Löschversuch mit den im Raum vorhandenen Feuerlöschgeräten unternehmen
	Weitere Anweisungen des Alarmplanes beachten. Aushang beachten im Raum _____ Raum Nr : _____
	Feuerlöscher im Raum: _____ Raum Nr: _____
	Löschdecke im Raum: _____ Raum Nr: _____
	Gegebenenfalls Raum sofort verlassen.
	Über sämtliche Vorkommnisse (auch Verschütten von Chemikalien oder zerbrochene Gefäße) sofort Lehrer/Hausmeister/Schulleiter informieren.

Vgl.: GUV-SR 2003, Anhang 4.2

(NW) Betriebsanweisungen für Hausmeister und Reinigungspersonal, Muster

Anhang 4.2 Allgemeine Betriebsanweisung für Hausmeister und Reinigungspersonal

Allgemeine Betriebsanweisung **für Hausmeister und Reinigungspersonal** **zum Umgang mit Gefahrstoffen** **in naturwissenschaftlichen Fachbereichen**	
1. Geltungsbereich	Die Betriebsanweisung gilt für Hausmeister, Reinigungspersonal oder sonstiges Personal, das Zugang zu Räumen hat, in denen mit gefährlichen Stoffen oder Zubereitungen umgegangen wird. Sie gilt insbesondere für Räume der Fächer Chemie, Biologie, Physik, Werken, Technik und im Fotolabor.
2. Gefahren für Mensch und Umwelt	In den genannten Räumen wird mit Stoffen umgegangen, die gefährliche Eigenschaften haben. Die gefährlichen Eigenschaften sind u.a. durch Gefahrenbezeichnungen und Gefahrensymbole charakterisiert. Die für die Situation einschlägigen Sicherheitsratschläge sind ebenfalls aufgeführt.
3. Schutzmaßnahmen, Verhaltensregeln	Nur unterwiesenes Personal darf die im Geltungsbereich genannten Räume betreten. Unbefugte dürfen die Räume nicht betreten. Die Zugangstüren zu den im Geltungsbereich benannten Räumen dürfen nicht offen stehen. Geräte oder Chemikalien dürfen nicht berührt oder weggenommen werden. Tische, auf denen sich Chemikaliengefäße oder Versuchsanordnungen befinden, dürfen durch das Reinigungspersonal nicht gereinigt werden. Schränke dürfen nur äußerlich gereinigt werden. Fußböden und Tische dürfen nicht an Stellen gereinigt werden, an denen Chemikalien verschüttet wurden. Der Sachverhalt ist dem Hausmeister zu melden, der dies dem zuständigen Lehrer anzeigt. Nicht ausgeschaltete Gas- oder Elektroversorgung, offene Gashähne, Gasgeruch oder beschädigte Steckdosen oder Geräte sind sofort dem Lehrer/Hausmeister und/oder dem Schulleiter zu melden. In den im Geltungsbereich benannten Räumen darf nicht gegessen, getrunken, geraucht, geschminkt und geschnupft werden.

Vgl.: GUV-SR 2003, Anhang 4.2

(NW) Betriebsanweisungen für Schüler, Muster

Anhang 4
Musterbetriebsanweisungen

Anhang 4.1 Allgemeine Betriebsanweisung für Schüler

<table>
<tr>
<td colspan="2" align="center">Allgemeine Betriebsanweisung für Schüler
zum Umgang mit Gefahrstoffen
im naturwissenschaftlichen Unterricht</td>
</tr>
<tr>
<td>1. Geltungsbereich</td>
<td>Die Betriebsanweisung gilt für Schüler, die im Rahmen von unterrichtlichen Veranstaltungen mit gefährlichen Stoffen oder Zubereitungen umgehen.</td>
</tr>
<tr>
<td>2. Gefahren für Mensch und Umwelt</td>
<td>Gefahrstoffe sind im Chemikaliengesetz definiert. Sie werden nach Gefährlichkeitsmerkmalen eingestuft. Das Gefährdungspotenzial der einzelnen Stoffe ist durch Gefahrenbezeichnungen und Gefahrensymbole erkennbar (siehe Anhang).

Für Gefahrstoffe gibt es Hinweise auf die besonderen Gefahren: R-Sätze (R=Risiko) und S-Sätze (S=Sicherheit, Sicherheitsratschläge).

Eine Liste aller R- und S-Sätze befindet sich im Anhang.

Für die einzelnen Gefahrstoffe findet man die R- bzw. S-Sätze u.a.

♦ auf den Etiketten der Chemikalienbehälter,

♦ auf der Wandtafel mit einer Auswahl von Gefahrstoffen.</td>
</tr>
<tr>
<td>3. Schutzmaßnahmen, Verhaltensregeln</td>
<td>♦ Fachräume nur bei Anwesenheit des Lehrers betreten.
♦ Fluchtweg im Brandfall oder bei einem Unfall kennen.
♦ Aufbewahrungsort und Bedienung der Geräte zur Brandbekämpfung (Feuerlöscher, Löschdecke, Löschsand) kennen.
♦ Lage und Betätigung des elektrischen Not-Aus-Schalters kennen.
♦ Offene Gashähne, Gasgeruch, beschädigte Steckdosen und Geräte oder andere Gefahrenstellen dem Lehrer sofort melden.
♦ Geräte, Chemikalien, Schaltungen nicht ohne Aufforderung durch den Fachlehrer berühren.
♦ Elektrische Energie, Gas nur nach Aufforderung durch den Fachlehrer einschalten.
♦ Lage und Inhalt des Verbandskastens kennen.
♦ Standort des nächsten Telefons und Notruf-Nummern kennen: Feuer/Unfall: Notruf 112
♦ Versuche, bei denen giftige, gesundheitsschädliche, ätzende, reizende Gase, Dämpfe, Nebel oder Rauch auftreten, nach Anweisung des Lehrers durchführen.
♦ Pipettieren mit dem Mund ist verboten; Pipettierhilfe verwenden.
♦ Schutzbrille nach Anweisung des Lehrers tragen.
♦ In Experimentierräumen nicht essen, trinken, rauchen, schminken oder schnupfen.</td>
</tr>
</table>

Vgl.: GUV-SR 2003, Anhang 4.1

(NW) Betriebsanweisungen für Schüler, Muster

Anhang 4.1 Allgemeine Betriebsanweisung für Schüler

4. Arbeiten mit Gefahrstoffen	**4.1 Vorbereitung der Experimente:**
	♦ Vor dem Versuch Arbeitsanweisung sorgfältig durchlesen und beachten.
	♦ Benötigte Geräte und Chemikalien entsprechend vorbereiten, z.B. Versuchsapparatur standsicher aufbauen.
	♦ Gefahrensymbole kennen, R- und S-Sätze nachlesen.
	♦ Brenner und Vorratsflaschen nicht an die Tischkante stellen. Glasgeräte vor dem Herunterrollen sichern.
	4.2 Durchführung der Experimente:
	♦ Bei Unklarheiten den Lehrer fragen.
	♦ Mit möglichst kleinen Stoffportionen arbeiten (Minimierung der Gefahren, der Umweltbelastung, der Kosten).
	♦ Flüssigkeiten nicht etikettenseitig ausgießen.
	♦ Geruchsprobe nur unter Zufächeln vornehmen.
	♦ Haare und Kleidung vor Berührung mit der Brennerflamme schützen.
	♦ Beim Erhitzen von Flüssigkeiten im Reagenzglas ständig schütteln; Füllhöhe beachten; Öffnung nicht auf Personen richten.
	♦ Chemikaliengefäße sofort wieder verschließen.
	♦ Leichtentzündliche Stoffe nicht in der Nähe von offenen Flammen handhaben.
	4.3 Nachbereitung der Experimente:
	♦ Entnommene Chemikalien nicht in die Gefäße zurückgeben, sondern sachgerecht entsorgen.
	♦ Feste Gegenstände wie Filterpapier, Glassplitter, feste ungiftige Chemikalienreste in den Abfalleimer geben, nicht in den Ausguss! Glassplitter werden gesondert gesammelt.
	♦ Reaktionsprodukte nach Anweisung des Lehrers entsorgen.
	♦ Gebrauchte Gefäße sorgfältig spülen und mit demineralisiertem Wasser nachspülen.
	♦ Prüfen, ob Gas- und Wasserhähne geschlossen sind.
	♦ Arbeitsplatz aufräumen, Tischplatte sauber abwischen, Hände waschen.
5. Verhalten in Gefahren-situationen	Beim Auftreten gefährlicher Situationen nach Rettungsplan handeln, z.B. Folgendes beachten:
	— Versuchsanordnung sichern; ggf. Not-Aus-Schalter betätigen; Gas, Strom und ggf. Wasser abschalten (Kühlwasser muss weiterlaufen).
	— Entstehungsbrand mit Eigenmitteln löschen (Feuerlöscher, Löschdecke, Sand); dabei auf eigene Sicherheit achten; Feuerwehr rechtzeitig informieren.

Vgl.: GUV-SR 2003, Anhang 4.1

(NW) Allgemeine Betriebsanweisungen für Schüler, Muster

Anhang 4.1 Allgemeine Betriebsanweisung für Schüler

6. Erste-Hilfe	☒ Erste-Hilfe, Ersthelfer benachrichtigen **ERSTHELFER:** _____ (Name, wo erreichbar) ☒ Bei allen Hilfeleistungen auf die eigene Sicherheit achten ☒ So schnell wie möglich NOTRUF tätigen ☒ Personen aus dem Gefahrenbereich bergen und an die frische Luft bringen ☒ Kleiderbrände löschen ☒ Bei Augenverätzungen mit weichem Wasserstrahl 10 Minuten spülen (Handbrause) ☒ Verbandkasten: Raum-Nr.: _____ ☒ Erste-Hilfe-Raum: Raum-Nr.: _____ **Feuer / Unfall: NOTRUF: 112**

Vgl.: GUV-SR 2003, Anhang 4.1

(NW) Druckgasflaschen im Unterrichtsraum

Häufig befinden sich noch nach dem Unterricht Druckgasflaschen im Unterrichtsraum. Die sind zwar gegen Umfallen gesichert. Das Aufbewahren der Druckgasflaschen nach dem Unterricht im Unterrichtsraum ist jedoch unzulässig. Druckgasflaschen müssen sich nach Arbeitsschluss wegen der Gefahr des Zerknalls an einem sicheren Ort befinden. Das darf nicht der Klassenraum sein.

Empfohlene Maßnahme

•   Druckgasflaschen sind nach Unterrichtsende aus den Unterrichtsräumen zu entfernen und an einen sicheren Ort (z.B. den Sammlungsraum) zu bringen. Dort dürfen sie jedoch nicht im Verkehrsweg und nicht im Rettungsweg stehen und müssen gegen Umfallen gesichert sein. Das ist erfüllt, wenn sie ortsfest an der Wand durch Schellen, Metallbänder, Ketten befestigt oder auf feststehenden oder fahrbaren, kippsicheren Gestellen aufgestellt werden.

•   Die Entfernung zu Heizkörpern sollte mindestens 0,5 m betragen.

•   Für Druckgasflaschen mit brennbaren Gasen ist ein Schutzbereich einzuhalten:

•   Für Druckgasflaschen mit Gasen leichter als Luft gilt - ausgehend vom Druckgasflaschenventil - ein Schutzbereich mit Radius (r) 2 Meter

und Höhe (h) 2 Meter. In diesem Schutzbereich dürfen sich keine
Zündquellen befinden, durch die Gase gezündet werden können.
• Der Raum, in dem Druckgasflaschen aufbewahrt werden, ist von
außen mit einem Warnzeichen W 19 "Warnung vor Gasflaschen" zu
kennzeichnen. Das Zeichen muss der GUV-V A8 entsprechen.
Dreieckschild innen und Umrandung: gelb, s.auch S. 57.
Vgl.: GUV-SR 2003, 7 und GUV-V A8.

(NW) Erste-Hilfe-Kästen

Die Unfallverhütungsvorschrift beschreibt, *"dass das zur Leistung der
Ersten Hilfe erforderliche ... Erste-Hilfe-Material ... zur Verfügung steht."*
Dazu gehört, dass die Erste-Hilfe-Kästen vorschriftsmäßig eingerichtet
sind und dass ein Verbandbuch geführt und über
5 Jahre aufbewahrt wird. Das Führen des Verbandbuches ist schulintern
zu regeln. Z.B. sollte derjenige die Eintragung machen, der auch die
"Erste Hilfe" leistet.

Empfohlene Maßnahme

Die Erste-Hilfe-Kästen (DIN-EN 13157-C, kleiner Kasten, bzw. DIN-EN
13169-E, großer Kasten) sind auf ihren Inhalt zu überprüfen.
Die Anzahl und die Größe der Erste-Hilfe-Kästen ist festgelegt. Es sollte
praxisnah verfahren werden, d.h. grundsätzlich reichen "kleine
Verbandkästen" aus. Die sollen möglichst nahe am möglichen Unfallort,
den **naturwissenschaftlichen Räumen** aufbewahrt werden.
Zum richtigen Auffüllen bzw. Nachfüllen vorhandener Erste-Hilfe-Kästen
sollte mit dem "Merkblatt für Erste-Hilfe-Material" verglichen werden.
***Die Kennzeichnung der Schränke mit den Erste-Hilfe-Kästen und
der Türen, die zu den Räumen mit den Erste-Hilfe-Kästen führen,***
erfolgt mit Klebeschildern, Größe = 10 x 10 cm, GUV-V A8, "Weißes
Kreuz auf grünem Grund" (E03), (s. auch S. 61). Diese, das "Merkblatt
für Erste-Hilfe-Material" und das Verbandbuch sind kostenlos, z.B. bei
den Landesunfallkassen bzw. den Unfallkassen der Länder erhältlich:
Vgl.: GUV-V A1, „ Grundsätze der Prävention", § 2, GUV-I 511-1. und
GUV-I 512, 4 und 5 (Inhalt der Verbandkästen).

(NW) Ersthelfer

Es sollte die Ausbildung von allen Lehrern und Lehrerinnen zu Ersthelfern
erfolgen. Die Ausbildung von wenigen Lehrern und Lehrerinnen reicht
nicht aus. Die Erste Hilfe ist während der Anwesenheit von Schülern
sicherzustellen. "Der Unternehmer hat dafür zu sorgen, dass ...bei bis zu
20 anwesenden Versicherten ein Ersthelfer," zur Verfügung steht.

Insbesondere ist die Erste Hilfe sicherzustellen bei: *Klassenreisen, Ausflügen mit der Klasse, im Turn- und Sportunterricht sowie im naturwissenschaftlichen Unterricht.* **Erste-Hilfe-Maßnahmen müssen auch für den Umgang mit Gefahrstoffen ausgerichtet sein!** Hilfsorganisationen bieten diese Ausbildung an. Die Ersthelfer sollen dabei alle 2 Jahre an einem Lehrgang teilnehmen. Die Unterweisungen in den Sofortmaßnahmen am Unfallort (**Führerschein**) reichen hierfür nicht aus.

Empfohlene Maßnahme

Der Arbeitgeber, das ist hier die Schulleiterin oder der Schulleiter, *hat diejenigen Beschäftigten zu benennen, die Aufgaben der Ersten Hilfe, Brandbekämpfung und Evakuierung der Beschäftigten übernehmen.* Es sollte die Bereitschaft aller Lehrerinnen und Lehrer zur Ausbildung zu Ersthelfern erreicht werden.

Vgl.: GUV-V A1, „ Grundsätze der Prävention", § 2, GUV-SI 8064 sowie GUV-SR 2003, 11 und ArbSchG § 10. Die Ausbildung zum Erst-Helfer übernimmt eine der öffentlichen Hilfsorganisationen.

(NW) Fehlerstrom-Schutzeinrichtungen (RCDs)

Fehlerstrom-Schutzeinrichtungen (RCDs) fehlen häufig. Sie haben eine wichtige Schutzfunktion und sind in nachstehenden Bereichen unbedingt vorzusehen. Sie sind kein Ersatz für Not-Aus-Schalter. Fehlerstrom-Schutzeinrichtungen (RCDs), 30 mA, fungieren als Schutzorgan für bestimmte Steckdosenbereiche. Sie sind vorzusehen:

- *am Lehrerarbeitsplatz,*
- *im Vorbereitungsraum und*
- *an den Schülerarbeitsplätzen.*

Diese Schutzeinrichtungen müssen vorhanden sein.

Empfohlene Maßnahme

Die Fehlerstrom-Schutzeinrichtungen (RCDs), 30 mA, sind, falls sie fehlen, nachzurüsten.

Vgl.: GUV-V A2, § 5, BGI 594, früher ZH 1/228, VDE 0100-410 und die DIN-EN VDE 0664

(NW) Feuerlöscher im naturwissenschaftlichen Bereich

Die Unfallverhütungsvorschrift beschreibt die Bevorratung von Löschmitteln in Feuerlöschern. Dazu gehört auch CO_2. Es werden jedoch oft nur 1,5 kg bzw. 2 kg CO_2 bevorratet. Das ist zu wenig. Häufig sind diese "kleinen" Löscher nicht mehr gefüllt. Im Brandfall ist ihre Vorratsmenge nicht ausreichend. Feuerlöscher mit dem Löschmedium

CO_2 (auch 'Kohlensäure-Schneelöscher' genannt) sind nur für "flüssige Stoffe", zugelassen. Bei Bränden von festen Stoffen können sie eine Rückzündung nicht verhindern. Die Anzahl der Feuerlöscher ist nach der geltenden Vorschrift nicht mehr ausreichend. Die neue Vorschrift, DIN EN 3, beschreibt Löschmitteleinheiten, LE. Die LE richten sich nach der Brandgefährdung und der Grundfläche des zu schützenden Bereiches. Die Brandgefährdung wird z.B. im Bereich: **Naturwissenschaften (Unterrichts-, Praktikums-, Lehr-, Sammlungs- und Vorbereitungsräumen)** als *groß* eingestuft. Es sind z.B. in einem Raum bis zu 50 m² Größe bis zu 3 Stck. 6 kg-ABC-Pulverfeuerlöscher und in einem Raum von 50 m²; bis 100 m² Größe bis zu 4 Stck. 6 kg-ABC-Pulverfeuerlöscher vorzusehen.

Empfohlene Maßnahme

Die sich neu ergebenden richtigen Feuerlöscher sollten nachgerüstet werden.

Wasserfeuerlöscher dürfen nicht in naturwissenschaftlichen Bereichen, auch nicht in den Vorfluren, die dahin führen, verwendet werden.

Als Faustregel sollte zunächst gelten:

Alle 1,5 kg bzw. 2 kg-CO2-Feuerlöscher sollten entfernt werden. Unterrichtsräume der Naturwissenschaften und deren Vorbereitungs- und Sammlungsräume müssen jeweils mindestens einen 6 kg-ABC-Pulverfeuerlöscher haben.

Jeweils ein 6 kg-ABC-Pulverfeuerlöscher, insbesondere auch in den Fluren vor den naturwissenschaftlichen Räumen, muss gesehen werden können, und der Abstand zwischen ihnen sollte nicht mehr als höchstens 30 m betragen.

Feuerlöscher müssen an gut sichtbarer und leicht zugänglicher Stelle und in Griffhöhe von ca. 1,5 m angebracht sein.

Feuerlöscher sind alle 2 Jahre zu überprüfen, s. Aufkleber.

Vgl.: GUV-R 133

(NW) Fußböden von naturwissenschaftlichen Fachräumen

Häufig sind die Fußböden von Fachräumen, in denen mit gefährlichen Stoffen umgegangen wird, nicht entsprechend den Vorschriften. Solche Fußböden müssen so ausgeführt sein, dass ein Eindringen gefährlicher Stoffe verhindert wird. Zu häufig stoßen die Bodenabdeckungen direkt an die Raumwände und viel zu häufig sind verlegte Bodenkacheln miteinander nicht fugendicht verfugt.

Empfohlene Maßnahme

Fußbodenbeläge in Räumen, in denen mit gefährlichen Stoffen umgegangen wird, sollen flüssigkeitsundurchlässig und fugendicht verlegt werden und den jeweils anfallenden aggressiven Stoffen gegenüber beständig sein.. Zu den Wänden hin müssen die Beläge hochgezogen bzw. abgewinkelt sein. Die Beläge müssen rutschhemmend sein.
Vgl.: GUV-SR 2001, 4.3.1 und GUV-R 181, Arbeitsstätten-Richtlinie „Fußböden" und GUV-V A1, „Grundsätze der Prävention", 2. und 3. Abschnitt.

(NW) Gaskartuschen im naturwissenschaftlichen Bereich

Zusätzlich zur stationären Gasanlage werden immer wieder Gaskartuschen vorrätig gehalten. Die Verwendung von Kartuschen in Innenräumen ist nur dann denkbar, wenn sie ausdrücklich dafür zugelassen sind und in einem dafür vorgesehenen Ständer einen festen Stand haben. Die vorgefundenen Kartuschen sind aber überwiegend nicht für Innenräume geeignet. Sie sind auch selten für die Verwendung in Laboren gekennzeichnet und mit entsprechendem Laborbrenneraufsatz zur Erzeugung der erforderlichen hohen Temperaturen ausgestattet.

Empfohlene Maßnahme

Gaskartuschen sollten in Schulen nicht verwendet werden.
•   Im Ausnahmefall sollten die Gaskartuschen für die Benutzung in Innenräumen geeignet sein. Sie sollten dann einen Laborbrenneraufsatz sowie eine feste Halterung im Ständer haben und nur kurzfristig und in Einzelfällen (am Lehrerexperimentiertisch) benutzt werden.
•   Gaskartuschen sollten in keinem Fall eine stationäre Gasanlage ersetzen.
Vgl.: GUV-V A1, 2. und 3. Abschnitt, und GUV-SR 2003.

(NW) Gasschläuche in der Chemie, Biologie, Physik und im Werkraum

Die verwendeten Schläuche entsprechen häufig nicht überall der Vorschrift. Sie können porös werden, undicht sein oder für andere Verwendungszwecke vorgesehen sein. "Bunsenbrenner und ähnliche Verbrauchseinrichtungen dürfen nur mit DVGW-geprüften Schläuchen angeschlossen werden." Solche Schläuche sind durchgehend an der Oberfläche gekennzeichnet. Gasschläuche müssen auch gegen

Abrutschen gesichert sein. Eine vorschriftsmäßige Sicherung der Schläuche ist jedoch oft nicht überall vorhanden.

Empfohlene Maßnahme

• Es sind Schläuche gem. DVGW, Arbeitsblatt 621, DIN 30664, Teil I, zu verwenden.

• Eine Sicherung gegen Abrutschen der Schläuche ist z.B. durch Verwendung von Schlauchschellen, Schlauchbindern oder Aufziehen der DIN-Schläuche auf eine Schlauchtülle nach DIN 12898 (Nenndurchmesser 9,5 mm) vorzusehen.

Sämtliche Teile bietet der Handel an.

Vgl.: GUV-R 120, 4.7, GUV-V D34, DIN 30664-1 und DIN 12898.

(NW) Gefährliche Flüssigkeiten und Stoffe: Aufbewahrung in Lebensmittelbehältern

Zu oft werden gefährliche Flüssigkeiten in Behältnissen aufbewahrt, die für Lebensmittel geeignet sind. Lebensgefährliche Verwechslungen sind möglich!!

Empfohlene Maßnahme

• Gesundheitsgefährliche Flüssigkeiten in Gefäßen, die für die Aufbewahrung von Lebensmitteln (z.B. in originalen Marmeladengläsern oder Brauseflaschen) vorgesehen sind, sind restlos zu entsorgen.

• Die Aufbewahrung von gefährlichen Stoffen erfolgt am besten in den Originalgefäßen; die Aufbewahrung von abgefüllten Mengen und von sauberen oder 'Wasch-' Restmengen sollte nur in neutralen, unverwechselbar beschrifteten Behältern erfolgen.

Vgl.: GUV-V A1, § 2, 2. und 3. Abschnitt, GUV-SR 2003.

(NW) Handbrausen in naturwissenschaftlichen Räumen oder Nebenräumen

In Räumen, in denen mit Gefahrstoffen umgegangen wird (z.B. Chemiefachräume), oder zumindest im Nebenraum, muss ein Waschbecken mit Handbrause vorhanden sein. Zu den Räumen gehören möglicherweise auch die Bereiche Physik und Biologie, wenn in ihnen mit Gefahrstoffen umgegangen wird. Handbrausen sind z.B. bei der Ersten Hilfe von Augenverätzungen besonders wichtig. Diese Handbrausen sind aber häufig nicht vorhanden, bzw. falsch, nämlich in zu großer Nähe von elektrischen Steckdosen, angebracht.

Empfohlene Maßnahme

• Die Handbrausen sind, falls sie fehlen, nachzurüsten bzw. richtig umzurüsten.

- Die Schalter im Bereich der Handbrausen sollen die Schutzart IPX 4 haben, wenn sie Schalter in Verbrauchsmitteln sind, z.B. in der Wand befindliche Lichtschalter.
- Steckdosen müssen sich außerhalb des angegebenen Radius, nämlich 1,2 m vom Brausekopf entfernt befinden und die Schutzart IPX 5 aufweisen.
Vgl.: DIN 57100 Teil 710/VDE 0100 Teil 701, und GUV-SR 2003, 6.2.2.

(NW) Kühlschrank im Laborbereich

Es ist sehr oft ein Kühlschrank vorhanden, ohne dass die Bekannt ist, ob *der Innenraum frei ist von Zündquellen*. Der Kühlschrank muss, um eine sichere Funktion zu gewährleisten, den Anforderungen der darin untergebrachten Stoffe genügen. Diese Forderungen dienen dem Schutz des Benutzers.
Lebensmittel sollen nicht mit Gefahrstoffen zusammen aufbewahrt werden.

Empfohlene Maßnahme
1. Die Forderung nach sicherer Funktion des Kühlschrankes ist zu erfüllen, indem Leuchte und Lichtschalter abgeklemmt und der Temperaturregler mit eigensicherem Stromkreis versehen werden. Die Abtauautomatik muss außer Betrieb gesetzt sein.
2. Umgerüstete Kühlschränke sind deutlich und dauerhaft zu kennzeichnen, z.B. *"Nur Innenraum frei von Zündquellen"*.
Vgl.: GUV-R 120.

(NW) Lasereinrichtungen

Im Sammlungsraum der Physik befindet sich häufig eine Lasereinrichtung. Sie kann nicht immer eindeutig klassifiziert werden. Z.B. muss eine Lasereinrichtung der Klasse 1 mit der Aufschrift versehen sein: *LASER KLASSE 1*.
Lasereinrichtungen der Klasse 2 müssen weitergehend gekennzeichnet werden. Es muss ein Hinweisschild mit der Aufschrift angebracht sein: *LASERSTRAHLUNG - NICHT IN DEN STRAHL BLICKEN - LASER KLASSE 2.* Das ist zu oft nicht der Fall.
Empfohlene Maßnahme
An Schulen, in denen mit Lasern gearbeitet wird, muss eine Lehrkraft als verantwortliche Person für den Laserschutz ernannt werden. In Schulen dürfen nur Laser bis einschließlich Klasse 2 eingesetzt werden. Es müssen folgende Angaben jederzeit von dem Gerät, Klasse 2, ablesbar

92

sein: *Maximale Ausgangswerte der Laserstrahlung (Strahlungsleistung bzw. -energie),Impulsdauer (falls zutreffend), ausgesandte Wellenlänge bzw. die ausgesandten Wellenlängen, Bezeichnung und das Datum der Veröffentlichung der Norm, nach der das Produkt klassifiziert wurde.*
Lasereinrichtungen der Klasse 2 müssen
eine Leistungsbegrenzung haben; die Strahlungsleistung darf höchstens 0,2 mW betragen, eine Kontrolllampe aufweisen, die den Einschaltzustand erkennbar anzeigt, mit einem Schlüsselschalter zu sichern sein, unter Verschluss aufbewahrt und dürfen nur unter Aufsicht eines Lehrers oder einer Lehrerin betrieben werden.
Nicht identifizierbare Geräte sollten nicht benutzt werden. Andere sind vorschriftgemäß und nach Herstellerauskunft zu beschriften, zu benutzen und aufzubewahren.
Vgl.: GUV-V B2 sowie VDE 0837, Teil 1 und DIN 58126, Teil 6.
GUV-V A1, § 13 „Pflichtenübertragung",

(NW) Mikroskope in der Biologie

Im Biologieunterricht werden Mikroskope und Binokulare verwendet. Die Mikroskope haben einen elektrischen Lampeneinsatz als herausnehmbares Bauteil. Binokulare und auch neuere Mikroskope können über einen externen Transformator die Niederspannung für die Beleuchtung erhalten oder sie werden mit einer fest eingebauten elektrischen 230 V Stromzuführung versorgt.
Untersuchungen haben gezeigt, dass gerade die Binokulare und die externen Transformatoren oft ohne ein VDE-Prüfzeichen verwendet werden. Das liegt häufig am Alter der Geräte. Grundsätzlich ist es zwar richtig, dass die Herausgabe einer neuen VDE-Norm nicht bewirkt, früher angeschaffte Geräte nur deswegen nicht mehr zu benutzen, weil sie nicht dieser neuen VDE-Norm entsprechen. An Schulen sind jedoch Sicherheitsbestimmungen bzw. Unfallverhütungsvorschriften einzuhalten. Demnach müssen sich *elektrische Betriebsmittel in sicherem Zustand befinden und sind in diesem Zustand zu erhalten.* Das wird, wie die Erfahrung durch viele Besichtigungen lehrt, z.B. immer dann nicht eingehalten, wenn Feuchtigkeit in die 230 V enthaltenden Anschlüsse im Gehäuse dringen kann. Das ist an diesen Geräten praktisch immer der Fall.
Empfohlene Maßnahme
Das herausnehmbare Bauteil sowie verwendete Transformatoren und alle Binokulare mit eingebautem Spannungsteil von 230 V müssen ein VDE- und sollten GS- Zeichen haben. Möglicherweise reicht auch ein CE-Zeichen (Selbstvergabe des Herstellers) als Ersatz für ein GS-Zeichen aus. Es muss jedoch immer die Einhaltung der

Unfallverhütungsvorschriften und des Geräte- und
Produktionssicherheitsgesetzes gewährleistet sein.
Vgl.: GUV-V A2, § 2, VDE 0789, Teil 100, 6.1.3, 14.1 sowie DIN/VDE
0620, 4.5 u. 5.4.6

(NW) Not-Aus-Schalter in den naturwissenschaftlich-technischen Unterrichtsräumen

---

In den Unterrichtsräumen sind Not-Aus-Schalter zu installieren.
Sie sind zu häufig entweder gar nicht vorhanden oder
ihre Funktion ist nicht ausreichend oder
die Anzahl der Schalter entspricht nicht den Vorschriften.

Empfohlene Maßnahme

In den Unterrichtsräumen sind die fehlenden Not-Aus-Schalter
nachzurüsten.

•   Ein Not-Aus-Schalter mit Schlüsselentriegelung ist am
Lehrerexperimentiertisch vorzusehen.

•   Je ein Not-Aus-Schalter ist an den beiden Ausgängen zum Flur
(z.B. auch über den Sammlungs- bzw. Vorbereitungsraum) vorzusehen.
Not-Aus-Schalter betätigen Gas und elektrischen Strom gleichzeitig. Sie
dürfen jedoch die Wirkung von Schutzeinrichtungen wie *Raumbe- und -
entlüftungsanlagen* sowie *Abluftanlagen von Abzügen bzw.
Chemikalienschränken* nicht aufheben und außer Betrieb setzen. Die zu
installierenden Gas-Mangelsicherungen sichern in jedem Unterrichtsraum
den Arbeitsbereich der Schüler ab.
Die über ein Magnetventil zu betätigende Gasabsperrung ist jeweils für
1 Unterrichtsraum und 1 Vorbereitungsraum
vorzusehen. Fehlt der Vorbereitungsraum oder schließen 2
Unterrichtsräume einen Vorbereitungsraum ein, so sollte einer der
Unterrichtsräume mit einem eigenen Magnetventil und der andere
Unterrichtsraum und der Vorbereitungsraum mit einem gemeinsamen
Magnetventil versehen werden. Diese Magnetventile werden über die
entsprechenden Not-Aus-Schalter angesteuert.
Vgl.: DVGW, Arbeitsblatt G 621 (Gasanlagen...), DIN 58125, (Zentrale
Abschaltung für Gas und Elektro) und VDE 0100, Teil 723, 4.2

Allgemein:

Es ist sinnvoll, auch am Ausgang aus dem Sammlungs- bzw.
Vorbereitungsraum, einen zusätzlichen Not-Aus-Schalter zu installieren.

(NW) Notruftelefon für gefährliche und isolierte Bereiche

Etliche gefährliche und isolierte Bereiche in der Schule sind ohne den notwendigen Anschluss an eine öffentliche Notrufzentrale oder an eine während der Arbeitszeit ständig besetzte Meldestelle. In diesen Bereichen können kurzzeitig und längerfristig, über Stunden, Einzelarbeitsplätze mit erhöhter Unfallgefahr entstehen. Es fehlen Meldeeinrichtungen, um "...unverzüglich die notwendige Hilfe herbeirufen und diese an den Einsatzort leiten zu können". Zu solchen Bereichen gehören z.B. *naturwissenschaftliche Räume.*

Empfohlene Maßnahme

• Es sind die erforderlichen Notruftelefone zu installieren. Sie sollen die Verbindung zu einer ständig besetzten Stelle im Verwaltungsgebäude

• *und* die zur öffentlichen Notrufzentrale herstellen können.

Vgl.: GUV-V A1, „Grundsätze der Prävention", 2. und 3. Abschnitt.

(NW) Rettungswegtüren im Rettungsweg von naturwissenschaftlichen Unterrichts-, Vorbereitungs- und Sammlungsräumen

a) **Türen im Rettungsweg**

Rettungswegtüren im Rettungsweg entsprechen sehr oft nicht den Vorschriften und sie werden, entgegen der Vorschrift, zu oft während des Betriebes abgeschlossen bzw. verriegelt oder sie öffnen entgegen der Fluchtrichtung. Das ist verboten. *Fachräume für Werken/Technikunterricht und vergleichbar ausgestattete Räume, z.B. Küchen, sind Räume, mit erhöhter Brandgefahr. Sie müssen mindestens zwei günstig gelegene Ausgänge haben. Diese Türen müssen in Fluchtrichtung aufschlagen und jederzeit von innen ohne Hilfsmittel zu öffnen sein, auch wenn von außen abgeschlossen ist.* Panikschlösser oder Panikriegel an Rettungstüren sichern den Rettungsweg ohne weiteres, ohne Schlüssel. Panikriegel an Rettungstüren dürfen *nicht* senkrecht zum Türblatt bewegt werden. Das ist aber häufig der Fall und stellt eine erhebliche Gefahrenquelle dar.

Empfohlene Maßnahme

Rettungswegtüren müssen in Fluchtrichtung öffnen. Rettungswegtüren ins Freie sind mit richtigen Panikbeschlägen zu versehen. Hebel für Panikriegel müssen seitlich drehbar oder als Wippe ausgebildet sein.

Panikhebel mit einer senkrechten Bewegungsrichtung zur Tür sind gegen solche mit einer seitlichen Drehbewegung auszutauschen. Panikriegel dürfen nicht durch ein zusätzliches Sicherheitsschloss ihre Funktion verlieren.
Vgl.: ArbStättR § 10(7) und GUV-SR 2001, 4.

b) Verstellte Türen im Verkehrsweg

In der Schule sind häufig Türen verstellt. Türen sind immer Einrichtungen, die grundsätzlich Verkehrswege öffnen, Rettungswege sichern oder so genannte gefangene Räume verhindern. Türen zu Unterrichtsräumen in Schulen müssen eine lichte Durchgangshöhe von 2,1m und sonstige Türen eine lichte Durchgangshöhe von wenigstens 2,0 m haben. Verkehrs- und Rettungswege dürfen nicht verstellt werden. Eine, die Tür von außen oder von innen öffnen wollende Person, darf nicht auf ungeahnte Schwierigkeiten stoßen.

Empfohlene Maßnahme

Türen müssen die richtige Durchgangshöhe aufweisen. Verkehrswege müssen freigehalten werden. Alle verstellten Türen sind von beiden Seiten frei und zugänglich zu halten.
Vgl.: ArbStättV und ArbStättR § 10

(NW) Sammlungsräume, Chemie, Gefahrstoffe, Schränke und Abluftleistung

---

In Schulen wird der Umgang mit Gefahrstoffen durch die „Regeln für Sicherheit und Gesundheitsschutz beim Umgang mit Gefahrstoffen im Unterricht" und den "Stand der Sicherheitstechnik" beschrieben. Ihre Anwendung soll den Menschen vor arbeitsbedingten und sonstigen Gefahren schützen.
Vgl.: GUV-SR 2003 und TRGS 300, 2.8.

a) Altlasten, ätzende Stoffe, Entsorgung

Oft sind nicht mehr identifizierbare Stoffe nicht entsorgt worden. Ätzende Stoffe werden möglicherweise über Augenhöhe aufbewahrt. Das soll so nicht sein.

Empfohlene Maßnahme

Nicht mehr identifizierbare Stoffe oder entbehrliche Stoffe, sind sachgerecht zu entsorgen.
Ätzende Stoffe dürfen nicht über Augenhöhe aufbewahrt werden.
Vgl.: GUV-SR 2003 sowie Fließschema der Beseitigungsarten.

b) Mengen- und Stoffeminimierung, Ersatzstoffe

Es werden nicht immer mit Sicherheit nur die für den Unterricht unbedingt notwendigen kleinsten handelsüblichen Mengen und Stoffe vorrätig gehalten. Das kann insbesondere sehr giftige Stoffe und sehr giftige Zubereitungen betreffen.

Empfohlene Maßnahme

Die Lehrer, in deren Fach mit Gefahrstoffen umgegangen wird, sollen prüfen, ob für den jeweiligen Unterricht Stoffe mit geringerem gesundheitlichen Risiko eingesetzt werden können.

Vgl.: GUV-SR 2003.

c) Kennzeichnung

Bei vielen Stoffen und möglicherweise auch Zubereitungen fehlt die richtige oder vollständige Kennzeichnung. Die Sammlung sollte dann überprüft und entsprechend ergänzt werden. Eine richtige Kennzeichnung erleichtert den Umgang mit den Stoffen. Firmen bieten PVC-Aufkleber für schulischen Bedarf als Paket an. Die richtige oder vollständige Kennzeichnung muss der Vorschrift entsprechen. Die Kennzeichnung muss haltbar sein. Das heißt, dass sie chemikalienbeständig sein muss. Sie darf nicht aus Papier sein. Die R-Sätze und die S-Sätze müssen bei Gefahrstoffen und deren Zubereitungen ganz ausgeschrieben sein. Ein **numerischer Hinweis** auf die R- und S-Sätze **ist nicht ausreichend**. Erleichterung bei der Kennzeichnung für den Handgebrauch: Standflaschen oder Standgefäße für den Handgebrauch müssen mindestens enthalten:

• Angabe der Bezeichnung des Stoffes, der Zubereitung und der Bestandteile der Zubereitung,

• Gefahrensymbole mit den dazugehörigen Gefahrenbezeichnungen.

Empfohlene Maßnahme

Die richtige Kennzeichnung sollte durchgeführt werden. Dafür sind z.B. im Handel Etikettenaufkleber erhältlich.

Vgl.: GUV-SR 2003.

d) Gesundheitliches Risiko und Ermittlungspflicht

Der Lehrer, in dessen Fach mit Gefahrstoffen umgegangen wird, muss prüfen, ob für den jeweiligen Unterricht Stoffe, Zubereitungen oder Erzeugnisse mit geringerem oder vorzugsweise keinem gesundheitlichen Risiko eingesetzt werden können. Solche Stoffe, Zubereitungen oder Erzeugnisse müssen verwendet werden. **Das Ergebnis dieser Prüfung ist schriftlich festzuhalten.**

Das zu führende Verzeichnis aller Gefahrstoffe kann zu oft nicht eingesehen werden. Eine Inventarliste an sich ist dafür nicht ausreichend. Das Verzeichnis muss mindestens Auskunft geben über *Bezeichnung, Einstufung, Mengenbereiche und Arbeitsbereiche des Gefahrstoffes oder in dem mit dem Gefahrstoff umgegangen wird.*

Empfohlene Maßnahme

Eine Überprüfung aller Gefahrstoffe für den Unterricht ist vorzunehmen. Ein richtiges Verzeichnis aller Gefahrstoffe ist zu führen.

Vgl.: GUV-SR 2003. und Anhang 1.

e) Chemikalienschränke

Chemikalienschränke müssen aus chemikalienfestem Werkstoff bestehen.

Häufig werden Chemikalien und entzündliche Flüssigkeiten in Holzschränken mit Glaseinsätzen aufbewahrt. Dann besteht Feuergefahr. Über neu zu beschaffende entlüftete "Giftschränke" (Chemikalienschränke) sollte erst nach sinnvoller Stoffe- und Mengenminimierung entschieden werden. Schränke sollten nicht wegen zu großer Mengen und zu vieler Stoffe angeschafft werden.

Empfohlene Maßnahme

Zur richtigen Aufbewahrung von Gefahrstoffen sollten entlüftete Chemikalienschränke angeschafft werden. Das sind pro Vorbereitungs- bzw. Sammlungsraum:

	Gesamt-schule	Gymna-sium	Haupt- u. Real-Schule
Chemikalienschrank mit GS/TÜV-Zeichen	2	2	1
Laugen- u. Säureschrank	2	2	1
DIN-EN – Sicherheitsschrank *)	1	1	1

*) für brennbare Flüssigkeiten der Gefahrenklasse A I (max. 20 l) und A II oder B (max. 40 l), mit 20 min. Feuerwiderstandsdauer und lediglich selbstschließender Tür (kein Türschließmechanismus, ausgelöst bei 50 ° C, erforderlich).

Auch nach der neuen TRbF 22 kann auf den Anschluss der Schränke an ein Abluftsystem nicht verzichtet werden. Das wäre nur möglich, wenn der Umkreis der Schränke mindestens 2,5 m und in einer Höhe von min. 0,5 m über Fußboden frei von Zündquellen wäre. Hier dürften dann z.B. keine Steckdosen vorhanden sein und keine funkenemittierenden elektrischen Geräte wie z.B. Haushaltsstaubsauger betrieben werden. Diese Verhältnisse sind an Schulen praktisch nicht zu realisieren. Entlüftete Chemikalienschränke sind Sicherheitseinrichtungen. Sie müssen regelmäßig gewartet und mindestens jährlich auf ihre Funktionsfähigkeit überprüft werden. Das Prüfprotokoll muss Messergebnisse beinhalten und von dem Sammlungsleiter oder der Sammlungsleiterin gegengezeichnet werden. Die Kriterien einer Überprüfung sind:

Bezogen auf das Schrankvolumen muss ein 10-facher Luftwechsel je Stunde bei ständig in Betrieb gehaltener Abluftanlage gewährleistet sein. Nicht richtig funktionierende Chemikalienschränke lassen Schadstoffausbrüche zu. Die Schadstoffe bleiben dann im Raum und können mit eingeatmet werden.

Vgl: GUV-SR 2003, DIN-EN 1946, Teil 7, und GUV-V A1, 2. und 3. Abschnitt.

f) Lebensmittel in der Chemie
Lebensmittel dürfen nicht zusammen mit Gefahrstoffen aufbewahrt oder gelagert werden. Sie dürfen nur gekennzeichnet aufbewahrt werden.
Empfohlene Maßnahme
In Laboratorien darf nicht gegessen und getrunken werden, es dürfen Lebens- und Genussmittel nicht hineingebracht werden. Deswegen sollen die Verpackungen der für Versuche erforderlichen Lebensmittel mit der Aufschrift überklebt werden:
"Nicht zum Verzehr geeignet".
Vgl.: GUV-SR 2003, 6.3.
g) Betriebsanweisungen und Unterweisungen für die Hand des Lehrers, für die Schüler und für das Reinigungspersonal
Zu häufig stehen Betriebsanweisungen und Unterweisungen nicht zur Verfügung.
Empfohlene Maßnahme
Unterweisungen der Lehrer sind zu erstellen. Sie können z.B. aus den Betriebsanweisungen entnommen werden.
Unterweisungen der Schüler sind an Hand der Betriebsanweisungen vorzunehmen. Dazu gehört auch, werdende Mütter über mögliche Gefahren zu unterrichten. Durchgeführte Unterweisungen sollen stets dokumentiert werden.
Das Reinigungspersonal ist durch die Sammlungsleiterin bzw. den Sammlungsleiter zu unterweisen.
Vgl.: GUV-SR 2003 und Musterbetriebsanweisungen, Anhang 4.1 (Schüler), und Anhang 4.2 (Hausmeister und Reinigungspersonal).

(NW) Transformatoren bzw. Trenntrafos im NW-Unterricht der Physik.

Häufig werden in der Physik noch Trafos benutzt, die nicht der gültigen VDE-Norm entsprechen. Grundsätzlich ist es richtig, dass die Herausgabe einer neuen VDE-Norm nicht bewirkt, früher angeschaffte Geräte nur deswegen nicht mehr zu benutzen, weil sie nicht dieser neuen VDE-Norm entsprechen. An Schulen sind jedoch Sicherheitsbestimmungen bzw. Unfallverhütungsvorschriften einzuhalten.
Demnach müssen sich *elektrische Betriebsmittel in sicherem Zustand befinden und sind in diesem Zustand zu erhalten.* Das wird, wie die Erfahrung durch viele Besichtigungen lehrt, bei denjenigen Trafos nicht eingehalten, die
• 	Lüftungslöcher haben, durch welche mit einem Draht (aufgedrehte Büroklammer) mit einem berührungsgefährlichen Teil ein Kontakt hergestellt werden kann und die

- Porzellan-Steckdosen haben, welche keinen ausreichenden mechanischen Schutz bieten.

Die genannten Sicherheitsmängel dürfen an *energieversorgten Baueinheiten in Unterrichtsräumen und Laboratorien* nicht auftreten.

Empfohlene Maßnahme
Trenntrafos an Schulen sollen keine "offenen" Lüftungslöcher und keine Porzellanstecker haben. Sie sollen ein GS/TÜV bzw. CE-Zeichen (Selbstvergabe des Herstellers) haben. Dann muss jedoch die Einhaltung der Unfallverhütungsvorschriften und des Geräte- und Produktionssicherheitsgesetzes gewährleistet sein. Trenntrafos sollen nicht über Verlängerungsschnüre, die selbst eine Porzellansteckdose haben, elektrisch versorgt werden.
Vgl.: GUV-V A2, §§ 4,5, VDE 0789, Teil 100, 6.1.3, 14.1 sowie DIN-EN /VDE 0620, 4.5 u. 5.4.6

(NW) Türbeschläge im naturwissenschaftlichen Bereich

a) Türknauf
Die Außentüren, Flurtüren, haben häufig keinen festen Knauf, sondern einfache Türdrücker. Der Knauf soll den unbefugten Zugang verhindern.
Empfohlene Maßnahme
Außentüren, Flurtüren, im naturwissenschaftlichen Bereich, müssen im Flurbereich einen festen Knauf erhalten.
Vgl.: GUV-SR 2003 sowie regionale Technische Richtlinien der Baubehörden,

b) Türschließer
Die Türen haben oft keine Türschließer. Flurtüren im naturwissenschaftlichen Bereich sollen "Oben"-Türschließer erhalten. Zusammen mit dem Knauf sichern sie die Räume gegen unbefugtes Betreten.
Empfohlene Maßnahme
Die Flurtüren sind mit "Oben"-Türschließern zu versehen.
Vgl.: regionale Technische Richtlinien der Baubehörden

c) Türbeschläge
Die Tür vom Vorbereitungsraum zum Flur hat zu oft eine Drückergarnitur, die von innen nur öffnet, wenn weder von innen noch von außen abgeschlossen ist. Das soll so nicht sein.
Empfohlene Maßnahme
Die Verbindungstür vom Vorbereitungsraum zum Flur soll als Rettungstür eine Drückergarnitur erhalten, die so ausgebildet ist, dass sich die Tür auch im abgeschlossenen Zustand von innen ohne Schlüssel öffnen lässt (Panikschloss). GUV-SR 2003
Vgl.: regionale Technische Richtlinien der Baubehörden.

Infektionsgefahren im Kinder- und Jugendbereich, Merkblatt

Achtung: Merkblätter zu diesem Thema werden in der Regel von den Landesgesundheitsämtern und auch von Landesbetrieben verbindlich, mit Handlungsanweisungen, herausgegeben, z.B :
Merkblatt, herausgegeben vom Arbeitsmedizinischen Dienst der Behörde für Inneres, Hamburg, Stand 1999.
Gegen Infektionen mit Tetanus und Diphtherie sollte bei jedem Impfschutz bestehen und alle 10 Jahre aufgefrischt werden.
Gegen Kinderlähmung (Polio) wird bei Erwachsenen neuerdings nur noch bei Reisen in Gebiete mit Infektionsrisiko geimpft. Außerdem wird der Impfstoff jetzt in den Muskel gespritzt und nicht mehr geschluckt.
Alle gebärfähigen Frauen sollten einen Nachweis über Immunschutz gegen Röteln besitzen.
Mitarbeitern in Gemeinschaftseinrichtungen und mit Publikumsverkehr wird in jedem Herbst die Grippeschutzimpfung angeboten.
Bei intensivem Kontakt mit chronisch Hepatitis B-infizierten Kindern und Jugendlichen kann es unter bestimmten Voraussetzungen über Blutkontakt zu einer Ansteckung kommen. Das gilt z.B. für Ersthelfer an Einrichtungen, an denen Hepatitis B-Virusträger unter den Kindern und Jugendlichen bekannt sind.
Beim pflegerischen Umgang mit Kindern, bei dem Kontakt zu Körperausscheidungen besteht, ist prinzipiell die Gefahr der Hepatitis A-Infektion möglich. Z.B. wird bereits MitarbeiterInnen in der Kinderbetreuung eine arbeitsmedizinische Untersuchung, Beratung und Schutzimpfung angeboten.
In Einrichtungen der Kleinkinderbetreuung treten hin und wieder die so genannten "Kinderkrankheiten" auf. Diese können bei ungeschützten Erwachsenen zu schweren Krankheitsverläufen führen. Erwachsene ohne Immunschutz können sich gegen Röteln, Masern, Mumps und Windpocken impfen lassen.
Für Schwangere kann es unter bestimmten Umständen und beim Auftreten bestimmter Erkrankungen unter den Kindern und Jugendlichen ein Beschäftigungsverbot geben.

Mutterschutz Merkblatt

Achtung: Merkblätter zu diesem Thema werden in der Regel von den Landesgesundheitsämtern und auch von Landesbetrieben verbindlich, mit Handlungsanweisungen, herausgegeben, z.B :
Merkblatt, herausgegeben vom Arbeitsmedizinischen Dienst der Behörde für Inneres, Hamburg, Stand 05/99.
Die werdende und stillende Mutter und das ungeborene Kind sind besonders schutzbedürftig; ihre Gesundheit stellt ein Rechtsgut von sehr hohem Rang dar.
In den Rechtsvorschriften des Mutterschutzgesetzes (MuSchG) sind die Schutzmaßnahmen für Mutter und Kind gesetzlich festgelegt. Ihre Einhaltung, Überwachung und Ausnahmen werden behördlich durch das Amt für Arbeitsschutz geregelt.
Vom Arbeitgeber müssen die erforderlichen Vorkehrungen und Maßnahmen zum Schutz von Leben und Gesundheit der schwangeren/stillenden Mutter getroffen werden, d. h. die Arbeitnehmerinnen müssen über alle möglichen Gefährdungen unterrichtet werden und sie dürfen diesen Gefährdungen nicht ausgesetzt sein.
Die Rechtsvorschriften stellen dazu konkrete Forderungen an die Arbeitsbedingungen und verfügen Beschäftigungsverbote, wenn die Risiken für die Gesundheit nicht ausgeschlossen sind.

Beschäftigungsverbote:
Werdende oder stillende Mütter dürfen nicht beschäftigt werden mit körperlich schwerer Arbeit, Akkord- und Mehrarbeit, Nachtarbeit, Sonn- und Feiertagsarbeit sowie gefährlichen Arbeiten oder Arbeiten mit Unfallgefahren.
Werdende und stillende Mütter dürfen nicht Gefahren ausgesetzt werden, die von gesundheitsgefährdenden chemischen oder biologischen Stoffen ausgehen oder durch physikalische Schadfaktoren gegeben sind, wie Strahlen, Hitze, Kälte, Nässe, Stöße, Erschütterungen und Lärm (MuSchG §§ 4, 8).

Liegeräume:
Zur Vermeidung der Gesundheitsgefahren gehört auch die Bereitstellung von geeigneten Liegeräumen für werdende oder stillende Mütter (MuSchG § 2; ArbStättV § 31).

1. Unfallgefahren und körperliche Belastung:
Hierzu gehört, dass schwangeren Lehrerinnen keine Pausenaufsichten übertragen werden. Insbesondere im Sportunterricht wird der körperliche Einsatz untersagt. Schwimmunterricht darf nur mit einer zweiten rettungskundigen Lehrkraft gegeben werden. Auf Rettungs- und Tauchtraining sollte verzichtet werden.

2. Schwere Arbeit:

Es gibt gesetzliche Grenzwerte, die nicht überschritten werden dürfen:
- 5 Kg für häufiges Heben und Tragen (mehr als 2- bis 3-mal pro Stunde)
- 10 Kg für gelegentliches Heben und Tragen (weniger als 1- bis 2-mal pro Stunde).
Jeweils dürfen die Lasten maximal 3 - 4 Schritte weit getragen werden. Bei längeren Strecken oder ungünstiger Haltung werden die Grenzwerte überschritten. Beim Überschreiten der Grenzwerte müssen mechanische Hilfen eingesetzt werden, wenn kollegiale Unterstützung nicht geleistet werden kann. Dieses Problem betrifft besonders Sonderschulen mit Mehrfachbehinderten.

3. Chemische Gefahrstoffe:

Verboten ist der Umgang mit Stoffen, die sehr giftig, giftig oder gesundheitsschädlich sind, bei Überschreitung des Grenzwertes. Dies betrifft besonders den naturwissenschaftlichen Unterricht, die Arbeitslehre mit Werkstätten, sowie den Kunstunterricht. Der Umgang mit Gefahrstoffen wie z.B. Holzstäuben ist nur erlaubt mit "staubgeprüften/H2" Holzstaubabsaugungen an Tischkreissägen.
Im Chemieunterricht darf mit Gefahrstoffen nur in geprüften und gut funktionierenden Abzügen hantiert werden (GUV-SR 2003)
Verboten ist der Umgang mit krebserzeugenden, fruchtschädigenden und erbgutverändernden Stoffen, wenn die werdenden Mütter den Stoffen ausgesetzt sein können oder bei stillenden Müttern der Grenzwert überschritten wird; z.B. beim Experimentieren im Chemieunterricht (GUV-SR 2003, MuSchRiV § 5).
Bei Hautkontakt (z.B. undichte Handschuhe) mit hautresorptiven Stoffen ist man diesen Stoffen direkt ausgesetzt und muss von einer Überschreitung der Grenzwerte ausgehen.

4. Biologische Stoffe, Infektionsgefahr:

Alle gebärfähigen Frauen sollten Immunschutz gegen Röteln haben, damit bei Eintritt einer Schwangerschaft das ungeborene Leben nicht gefährdet wird. Der Röteln - Titer (= Maß für die Abwehrkräfte gegen eine Röteln-Infektion) sollte ausreichend hoch sein. Bei unzureichender Höhe wird der Infektionsschutz durch eine Impfung erreicht. Röteln - Titerbestimmung und Impfung gehören zum Vorsorgeprogramm der Frauenärzte mit Kostenübernahme durch die Krankenkassen.
Schwangere dürfen nicht geimpft werden.
Schwangere ohne ausreichenden Immunschutz gegen Röteln können das ungeborene Kind nur sicher schützen, wenn sie in den ersten 20 Schwangerschaftswochen keinen Kontakt mit Kindern und Jugendlichen ausüben sowohl beruflich als auch privat.
Für Schwangere ohne ausreichenden Immunschutz gegen Ringelröteln, Masern, Mumps, Windpocken und Zytomegalie können ebenfalls Beschäftigungsbeschränkungen eintreten, falls die genannten

Krankheiten akut in der Schule auftreten. Bei Mumps betrifft dies nur die ersten 12 Schwangerschaftswochen.

Werdende und stillende Mütter dürfen nicht mit Arbeiten beschäftigt werden, bei denen erfahrungsgemäß Krankheitserreger übertragen werden können. Dies kann bei ungeschütztem Kontakt mit Körperausscheidungen gegeben sein. Betroffen können Schulen mit Mehrfachbehinderten, geistig Behinderten und Verhaltensgestörten sein. Möglich ist ein Kontakt mit Stuhl beim Windeln oder mit Blut bei engen Körperkontakten (Kratzen, Verletzungen) zu Kindern, die Erreger in sich tragen oder ausscheiden (MuSchRiV § 5 und Anlage 2).

5.   "Stress":

Selbstverständlich sollen Schwangere nicht unnötig belastet werden. Vielmehr sollen sie sich selber von vermeidbarem Druck befreien. Typische Belastungen im Lehrerberuf können sein

1. körperliche - durch langes Stehen und Beanspruchung der Stimme
2. psychomentale - durch volle geistig-seelische Präsenz, stetige Reaktionsbereitschaft und hohe Verantwortung sowie widersprüchliche Anforderungen (streng und gleichzeitig freundschaftlich)
3. soziale - durch Einzelkämpferdasein und mangelnde gesellschaftliche Anerkennung sowie unzureichende Trennung zwischen Arbeit und Privatleben.
4. Lärm.

Als Folge können Erschöpfung, Nervosität, Magenschmerzen, Kopf und Rückenschmerzen auftreten. Schwangere Frauen können viel zu ihrem Wohlbefinden und einem positiven Schwangerschaftsverlauf beitragen, wenn sie Entspannungspausen im Rhythmus von zwei Stunden einlegen - kurz raus aus dem Gewühl, an einen ruhigen Ort, hinlegen und Beine hoch.

Da diese Zusammenfassung nur eine orientierende Übersicht über die Probleme des Mutterschutzes im Schulbereich sein kann, müssen spezielle Fragen mit den BetriebsärztInnen erörtert werden.

Röteln, Merkblatt

Achtung: Merkblätter zu diesem Thema werden in der Regel von den Landesgesundheitsämtern und auch von Landesbetrieben verbindlich, mit Handlungsanweisungen, herausgegeben, z.B.:
Merkblatt, herausgegeben vom Arbeitsmedizinischen Dienst der Behörde für Inneres, Hamburg, Stand 07/99.

Was kann durch eine Rötelninfektion ausgelöst werden?
Röteln sind eine meist leicht verlaufende Viruserkrankung, die mit Fieber, Hautausschlag (Exanthem) und Lymphknotenschwellungen einhergeht.
Treten Röteln während der **Schwangerschaft** auf, so kann die Infektion auf das Kind im Mutterleib übergehen und insbesondere Missbildungen an Auge, Ohr, am Herzen sowie im Gehirn verursachen. In den **ersten** Schwangerschaftswochen tritt häufig als Folge einer Rötelninfektion eine Fehlgeburt ein.
Nicht selten verläuft die Infektion mit Rötelnviren ohne Krankheitserscheinungen; diese Menschen können jedoch Personen in ihrer Umgebung anstecken.

Wer soll sich impfen lassen?
Alle Frauen im gebärfähigen Alter, wenn kein Immunschutz gegen Röteln besteht.
Jede Frau sollte sicher sein, dass sie gegen eine Rötelninfektion geschützt ist, insbesondere vor einer geplanten Schwangerschaft. Der Arzt/die Ärztin (Hausarzt, Frauenarzt) kann den Immunschutz durch einen einfachen Bluttest bestimmen. Diese Untersuchung wird von der Krankenkasse bezahlt.

Wer darf sich nicht impfen lassen?
1. Schwangere dürfen grundsätzlich nicht geimpft werden.
2. Frauen ohne Empfängnisschutz. Sie sollten nach der Impfung mindestens 3 Monate Empfängnisschutz betreiben. Der Impfarzt (z.B. Frauenarzt) berät vor der Impfung und hilft ggf. bei der Wahl des geeigneten Mittels.
3. Personen mit einer akuten fieberhaften Erkrankung oder Personen, in deren engster Umgebung jemand akut erkrankt ist.
4. Personen mit einer angebotenen oder erworbenen Abwehrschwäche (z.B. Leukämie, Aids, usw.) und diejenigen, die durch Medikamente (z.B. Dauercortison-Therapie) abwehrgeschwächt sind.
5. Personen, die innerhalb der letzten 3 Monate Immunglobuline oder eine Blutübertragung erhalten haben, sollten ebenfalls nicht geimpft werden. Durch übertragene Schutzstoffe gegen die Krankheitserreger kann die Wirkung der Impfung ausbleiben.

Bei weiteren offenen Fragen lassen Sie sich bitte von Ihrem Impfarzt beraten.

Was ist nach der Impfung zu beachten?

Durch geimpfte Personen ist keine Ansteckung möglich. Die Impfung eines Kindes ist risikolos, auch wenn in der Umgebung eine Schwangere lebt.

Was kann nach der Impfung auftreten?

Es kann zu Rötungen und Schmerzen an der Impfstelle kommen (Oberarm); gelegentlich zu einer kurz dauernden Temperaturerhöhung, leichtem Hautausschlag und Lymphknotenschwellungen. Diese seltenen Impfreaktionen treten meist in der 2. Woche nach der Impfung auf und erfordern in der Regel keine ärztliche Behandlung.

Wo wird geimpft?

Wir empfehlen, die Impfung beim Frauenarzt oder beim Hausarzt durchführen zu lassen, der Sie gleichzeitig wegen eines Empfängnisschutzes beraten kann. Die Impfung ist in jedem Fall eine Kassenleistung, die kostenlos durchgeführt wird . Die Impfung kann auch in allen Gesundheits- und Umweltämtern …….erfolgen. Zur Impfung sollen Sie bitte den Impfausweis mitbringen, damit die Impfung auch eingetragen werden kann.

Wann tritt ein Beschäftigungsverbot für Schwangere ein (nach Mutterschutzgesetz)?

Bei fehlendem Röteln-Immunschutz kann beim Umgang mit Kindern ein Beschäftigungsverbot für die **ersten 20 Schwangerschaftswochen** ausgesprochen werden. Wir empfehlen Ihnen dringend eine Oberprüfung Ihres Röteln-Immunschutzes und ggf. die Impfung, zumal die Gefahr eine Röteln-Infektion nicht nur im beruflichen Umfeld besteht.

Auskunft und Beratung über Infektionsgefahren und Impfungen geben Ihnen Ihre Betriebsärztin/Ihr Betriebsarzt.

Über den Autor und aus der Presse

Der Autor, Harald Birgfeld, Dipl. Ingenieur für Schiffbau, Schweißfach- und Feuerschutzingenieur sowie Fachkraft für Arbeitssicherheit, Ausbildung gem. § 4 der UVV, <u>GUV-V A6</u>, durch den BAGUV, (Sicherheitsingenieur) war in der BEHÖRDE FÜR INNERES und später in der BEHÖRDE FÜR SCHULE, JUGEND UND BERUFSBILDUNG (BSJB), jetzt BEHÖRDE FÜR BILDUNG UND SPORT; der FREIEN UND HANSESTADT HAMBURG, angestellt. Harald Birgfeld erstellte seit 1992, parallel zu Schul- und Dienststellenbegehungen, Checklisten/Beurteilungen und Prüflisten/Dokumentationen. Außerdem wurden regelmäßig Jahresberichte mit Unfallstatistiken von ihm erstellt. **Zeitungs- und andere Artikel über die Tätigkeit von Harald Birgfeld wurden abgedruckt und über seine Arbeit berichtet im/in** (nach 1993 erschienene Artikel wurden wegen möglicher Urheberrechtsverletzungen nicht mehr mit aufgenommen):

Der Autor hat in der Unabhängigen Fachzeitschrift für Arbeitssicherheit, **"Sicherheitsingenieur"** aus dem Curt Harfener Verlag, etliche, in dem Jahr 1990 sogar die meisten redaktionellen Beiträge veröffentlicht.

1999 stellte der **"Bundesverband der Unfallkassen" (BUK)** in der Zeitschrift, "Pluspunkt", Ausgabe 3, S.21, die bis dahin bundesweit bekannt gewordene "Kleine Fibel des Arbeitsschutzes.." vor.

Pressestimmen: Das "Hamburger Abendblatt" berichtete vielfach sowohl zur Person als auch über die Tätigkeit von Harald Birgfeld als Fachkraft für Arbeitssicherheit an Schulen, z.B. am **18. Dez. 1991 auf den Seiten 1 und 14**, am 11. Febr. 1992, S. 9, am **18. Febr.1993, S. 15**, am **16. Juni 1993, S. 13** und am **29. Juni 1993, S. 17**.
Blickpunkt Bildung, Deutscher Lehrerverband Hamburg, Nov. 1991 **Hamburger Pädagogen und Wissenschaftler**, interviewt den Autor Die hlz, **Hamburger Lehrerzeitung**, die Zeitschrift der GEW (Gewerkschaft Erziehung Wissenschaft) Hamburg, interviewt den Autor in der Novemberausgabe 1993 ausführlich (s. dort S. 19-21).

Anhang
Die Vielzahl meiner Veröffentlichungen erfolgte im Verlag: „Gesellschaft für
zeitgenössische Lyrik. e.V." Leipzig, unter ISBN: 3-937264
Weitere Veröffentlichungen von Harald Birgfeld auch in Druck und Herstellung bei
Books on Demand GmbH, 22848 Norderstedt und online.

Lyrik:
Alsterwanderweggedichte, 41 zeitgenössische Gedichte, (illustriert), 48 S.
..and I said to myself, what a wonderful world, 36 Gedichte mit fantastischen
    Inhalten, 44 S.
Auf deiner Reise zum Rande im Rande des Randes der Sonne 187 Gedichte: Im
    Innern der Sprache werden Kräfte freigesetzt. 184 S.
Bärbel und Harald, Epos, Gedicht in 93 Teilen
Die Frau des Terroristen, 53 Facettengedichte
Die Insassinnen, Epos, Lyrik, Außenlager KZ-Sasel, 136 S.
Die Zeit der Gummibärchen ist vorbei, 76 zeitgenössische Gedichte, (illustriert),
    108 S.
Feuer, das zur Speise wird,
    114 Gedichte aus meiner digitalen Welt, 68 S.
Für dich..., 43 Liebesgedichte und 15 Augen-Blicke, 32 S.
Gedichte, veröffentlicht in ausgewählten Anthologien, und Namenlos von
    meiner Insel, 42 Briefe, Lyrik, 108 Seiten,
Großes Liebestestament, 68 Liebesgedichte, 144 S.
Honigweißer Duft, 14 fantastische Gedichte, 32 S.
    dabei 14 farbige Seiten.
Im Reißverschluss der Illusion, 57 Facettengedichte
Liebestestament, 37 Gedichte Liebeslyrik, 44 S.
Mund aus Glas am Rand aus Fleisch, 114 Gedichte,
    Schwarze Liebeslyrik, 120 S.
Sasel, Geschichte eines Außenlagers, Vers-Epos, Lyrik,
KZ-Sasel 140 S. A5
Sofortige Lähmung, 112 Gedichte aus dem Innersten, 72 S.
Unter einem Mikroskop, 36 Gedichte für eine parallele Welt, 28 S.
Von Haut zu Haut, 132 Gedichte: Was macht meine Liebe an dir und an mir mit
    mir und mit dir? Liebeslyrik. 48 S.
Wir gerieten in den Gürtel der Meteoriten, 10.000 Aufschläge, Band 14:
    Aufschläge 6502 – 6999, ca. 500 Strophen aus einem Zyklus von 10.000
    Strophen, 224 S.
Wo die schwarzen Blätter wachsen, 129 erotische Gedichte? 76 S.

Prosa:

Die Tätowierungen der jungen Tanja W.
Die Entdeckung der eigenen Zeit
Fünf Veröffentlichungen/Five Publications (deutsch/englisch),
    Selbstsuche und Selbstfindung einer jungen Frau, 132 S.
    Zeit ist die Wahrnehmung eines Ereignisses.
    Beispiele, Grundsätze und Erläuterungen. 92 S.
    32 S. Format A5 (1 Band)
    Theorie und Utopie der eigenen Zeit,
    Theorie und Utopie der anderen Zeit.
    Die Zeit der Gleichungen ist vorbei
    Societ lyrics, was ist das?
    Folienbilder-Entstehung
    „Hochschulen", „Kindergärten", „Schulen" (3 Bände)
    Trennung erster, zweiter und dritter Art, 104 S. A5
Kleine Fibel Arbeitsschutz (für die praktische Arbeit) an:
Trennung von B.
    Phänomen, Trennung, 2017, 148 S. A 5
Pina Bausch, Nachruf
Vom Sterben nach dem Tod
Über Poesie der Heilung und Glück, 2020, Essay, 16 S.
Warten auf die Anderen.

Weitere Veröffentlichungen von Harald Birgfeld, derzeit **online**
unter **www.Harald-Birgfeld.de**
Im Volltext für jedermann zugänglich und einsehbar.

Lyrik:
Die Insassinnen, Theaterstück, Außenlager KZ Sasel, 3 Akte
Gespräche dritter Art, 90 zeitgenössische Gedichte
Gespräche zweiter Art in Art der Art, 89 zeitgenössische Gedichte
Mann aus Blech und Plastikfrau, Theaterstück, Ein dramatisches Bühnenstück in
drei Akten, Glaube - Liebe – Hoffnung
Wir gerieten in den Gürtel der Meteoriten, 10.000 Aufschläge,
    23 Gedichtbände
